HIJOS
Exitosos

SIXTO PORRAS

HIJOS Exitosos

LO QUE TODO PADRE DEBE ENSEÑAR A SUS HIJOS

WHITAKER
HOUSE
Español

Editado por: Ofelia Pérez

Hijos Exitosos
Lo que todo padre debe enseñar a sus hijos

ISBN: 978-1-62911-877-2
eBook ISBN: 978-1-62911-878-9
Impreso en los Estados Unidos de América.
© 2017 por Sixto Porras

Whitaker House
1030 Hunt Valley Circle
New Kensington, PA 15068
www.whitakerhouseespanol.com

Por favor, envíe sugerencias sobre este libro a: comentarios@whitakerhouse.com.

3 4 5 6 7 8 9 10 11 12 🅦 25 24 23 22 21

Debemos darles a nuestros hijos raíces para que estén bien fundados en la verdad; y alas para que puedan elevarse a nuevas alturas.

—Dale C. Bronner

GRACIAS POR ENSEÑARNOS, PAPÁ

Estimado lector,

Antes de que empiece a conocer estas lecciones que han formado nuestras vidas, le presentamos al autor: nuestro Papá. Aquí está el hombre que vive en casa lo que ha predicado a millones de personas fuera de ella.

De tanto que podríamos decir sobre él como un buen padre, queremos que sepa que siempre ha sido y sigue siendo un padre presente. Aunque viaja mucho, no lo hemos echado de menos porque tiene el arte de estar presente incluso cuando físicamente no está.

Algo más, muy importante, que hace de él un buen padre es su integridad. Lo que él enseña a otros en conferencias, en su trabajo en la radio, o en cualquier medio, lo vive en la casa. Él siempre es la misma persona en todo lugar. Eso siempre nos ha dado seguridad y confianza de que tenemos un buen padre. Tiene extraordinarios valores, y nos guía a caminar siempre en el Señor, en cosas prácticas y en momentos difíciles. Él sabe instruirnos en el camino correcto, modelando los principios.

En ocasiones cuando están creciendo, a los hijos no les gustan algunas decisiones de los padres, pero las entienden cuando son adultos. A nosotros no nos ha pasado eso. No recordamos algún momento en que nuestro papá nos haya pedido algo que sintiéramos que él no tenía razón, o que tenía motivo de hacernos enojar. Cuando nos llamaba la atención sobre algo que no estábamos haciendo bien, la manera en que lo hacía, siempre nos convencía de que lo que estábamos haciendo no estaba bien. Algunas veces no nos dejó irnos a quedar a dormir, o ir a algunas fiestas. Pero siempre nos justificaba correctamente las cosas.

Al escribir esto, nos impacta darnos cuenta que la manera en que trató las cosas con nosotros nos ayudaba a crecer, y a buscar un lado bueno de las cosas cuando no podíamos asistir a algo. No nos tomaba más de una semana darnos cuenta que lo que él nos dijo era valioso para nuestras vidas. Recordamos también que mamá y papá siempre estaban de acuerdo en las decisiones respecto a nosotros, y que las decisiones de papá eran firmes.

Nuestro papá es muy admirado porque se esfuerza por contribuir a mejorar el mundo. Él se ha dedicado a inspirar un modelo de familia que otros pueden llegar a tener; una familia que se sostiene por los principios que Dios dio desde el inicio, de una manera práctica y memorable. Mi papá ha transmitido un mensaje que ha hecho que miles de familias no se destruyan, que matrimonios mantengan su vínculo, que hijos crezcan proyectados hacia el futuro, y que los gobiernos sigan enterados de que la institución de la familia tiene más fuerza que ellos para modelar el destino de una nación. Papá les ha dado esperanza a millones de personas. Eso no tiene precio en un mundo sin luz, sin un rumbo, sin esperanza. Él ha mostrado que sí se puede vivir una vida familiar bien vivida.

En medio de ese compromiso, que le toma esfuerzo, tiempo, energía, lo más grande que ha hecho y continúa haciendo es cumplir su compromiso de amor con nosotros, su familia. Escribir en pocos renglones cuánto ha hecho por nosotros sería muy simplista, porque lo que da un padre a un hijo es mucho. Les diría que lean los libros de Papá, y ahí está lo que él nos ha dado y enseñado. Pero podemos resumir lo siguiente: nos ha dado un modelo de hombría adecuado, una paternidad tierna y amorosa, una instrucción clara acerca de quién es Dios, y una guía familiar que nos inspira a construir nuestras propias familias. Insistimos en que mejor lean los libros que él ha escrito, y ahí está todo lo que él ha contribuido a nuestras vidas.

Definitivamente también diríamos que él nos ha dado "las lecciones de vida". Mamá nos enseñó sobre el "diario vivir", y cómo hacerlo bien.

Papá nos enseñó las grandes lecciones que se dicen de forma verbal, y se demuestran con el ejemplo: vivir agradecido; no tener expectativas sobre otras personas para no ser lastimado porque las personas no podrán cumplir siempre las expectativas; vivir sin deudas; y que no haya división en las finanzas del hogar.

La vida con Papá está llena de anécdotas. Todas las veces que nos llevó a algún viaje para conocer a sus amigos de otros países que están haciendo una obra relevante a través de una iglesia, organización o empresa, han marcado nuestras vidas de una manera particular. Algunos viajes nos han enseñado a tener una visión audaz, otros nos han enseñado sobre la integridad. Algunos nos han plasmado a Dios en el corazón con mucha fuerza, y otros simplemente nos han llevado a disfrutar la vida en familia. Cada amigo que nos ha presentado en los últimos 10 años nos ha dado una gran lección en alguna de estas áreas.

A la edad de 15 años, nos llevó a un viaje de trabajo con él. No entendíamos por qué viajaba tanto; solo sabíamos que debía viajar por el trabajo. Pero nos llevó a un viaje con él, y entendimos el impacto y la importancia de su trabajo en pro de las familias. Por otra parte, recordamos a menudo los momentos en que íbamos al parque a jugar fútbol, a pesar de que a él no le gustaba. Era importante para nosotros, y nos encantaba jugar con él.

Nos preguntan en ocasiones qué es lo mejor que tiene Papá: es la forma en que ha tomado la decisión de vivir con Dios, resolver problemas, y compartir con la gente en paz. Tiene un incomparable don para hablar, y se deja utilizar por Dios.

Con toda honestidad, les invitamos a leer este libro. En él están escritos los principios y las estrategias con las que Papá nos ha formado y educado. Sí, son lecciones reales, vividas, de resultados comprobados. Papá lo ha dejado todo escrito para que sirva de legado para nosotros, sus hijos; nuestros hijos; nuestros nietos; y las generaciones venideras. Porque Papá cree en la herencia generacional.

Pero Papá siempre tiene en su corazón a cada familia que puede tocar y ayudar a mejorar. Por eso este libro es también para usted, sus hijos y sus nietos. Porque tuvo éxito en todo lo que hizo por nosotros, y quiere que su familia y usted tengan el mismo éxito. Nosotros, los hijos exitosos de Sixto Porras, damos fe de que las próximas páginas conducen al éxito de sus hijos.

¡Gracias por enseñarnos, Papá!
—Daniel y Esteban Porras

DEDICATORIA

Helen tenía 21 años cuando nos casamos llenos de ilusión, inocencia, y sueños por cumplir. Su corazón y el mío se unieron para escribir una historia, y dejar un legado en la vida de nuestros hijos, Daniel y Esteban, hoy ambos casados y dedicados a servir a Dios.

Por esta razón, dedico este libro a Helen, mi compañera de mil batallas, y a mis hijos, Daniel y Esteban. Juntos compartimos una visión que nos inspira, un llamado que nos apasiona. Hace unos pocos años nuestros hijos estaban pequeños y solo teníamos sueños, y la confianza plena de que Dios cumpliría sus promesas en ellos.

Helen y yo somos testigos de que perseverar, orar, confiar y educar a los hijos en una cultura de fe y esperanza tiene extraordinarios resultados. Ahora Daniel y Esteban se preparan para educar a sus propios hijos, y la ilusión que tienen me indica que lo sembrado en ellos se extenderá de generación en generación.

Doy gracias a Dios por Daniel y Esteban, porque siendo jóvenes, decidieron consagrar sus vidas a Dios. En este libro comparto muchas de las aventuras que hemos vivido juntos. Ahora mis hijos me inspiran, y se preparan para llevar todo a otro nivel.

Dedico este libro a mis compañeros de *Enfoque a la Familia*, porque me enseñan que el camino a la excelencia es posible. Nuestro equipo lo integran jóvenes, y lo hemos decidido de esta forma para tener una generación de relevo.

Dedico este libro a los padres valientes que, con entrega, sacrificio, ilusión y pasión, están marcando la nueva generación.

Gracias a los abuelos, tías y padres adoptivos por estar dando esperanza a niños inocentes.

Si hemos enseñado a nuestros hijos a decidir con responsabilidad y los hemos acompañado mientras crecen, pero, sobre todo, si les hemos mostrado el camino para confiar en Dios su destino, podemos estar seguros que van a elegir sabiamente. No significa que no cometerán errores; significa que la semilla sembrada en sus corazones dará fruto a su tiempo.

Gracias a quienes día a día nos escriben a ayuda@enfoquealafamilia.com, y comparten con nosotros sus historias, preguntas y sugerencias. Ustedes son nuestra razón de ser.

AGRADECIMIENTOS

Agradezco a Dios por concederme el privilegio de ser padre, por darme hijos maravillosos con los cuales comparto ilusiones y sueños. Gracias por venir a buscarme cuando era muy joven. Hoy puedo decir que todo lo que Dios me dijo que mis ojos verían, lo he podido contemplar. Dios siempre va más lejos de lo que podemos imaginar. Por eso, doy gracias a Dios por lo que vivo y por lo que viene.

Agradezco a Helen, porque nada de lo que comparto en este libro sería posible si ella no estuviera. Helen ha sido mi cable a tierra, y una madre incansable. Te he visto renunciar a privilegios y viajes con tal de invertir tiempo en Daniel y Esteban, y por eso hoy podemos celebrar. Gracias por ser la persona extraordinaria que sos. Te amo y te amaré siempre.

Agradezco a Xavier Cornejo, Director de Whitaker House Español, por acompañarme en la aventura de escribir. Gracias por nuestras largas conversaciones, y por hacerme creer que podemos hacer cosas extraordinarias para edificar familias. Gracias por tu estímulo y apoyo incondicional.

Gracias a Ofelia Pérez, por ser un lujo de editora, y por mostrarme el camino a la excelencia. Las ideas toman fuerza cuando cada una está en su lugar. Pido a Dios que tu don siga inspirando a muchos.

Es genial trabajar con personas que nos ayudan a crecer.

ÍNDICE

PRÓLOGO

*C*onocí a Sixto Porras hace años. Primero fue en la distancia: yo en mi asiento, en la iglesia, y él transmitiendo verdades desde el púlpito.

Me fascinó, no solo por la manera en que empleaba a fondo los infinitos recursos del idioma español. Fue también el percibir que la riqueza de su discurso iba impregnada en una sensibilidad que convertía a las palabras en caricias para el alma, justo antes de que se posaran en el espíritu… Todo eso contribuyó a que lo escuchase con deleite, pero lo que resultó definitivo fue percibir que cada sentencia incorporaba "el factor cielo". Su discurso tenía aroma de Dios… La riqueza de su lenguaje y la sensibilidad con que lo sazonaba, asombraban, pero la frescura espiritual transformaba. Las palabras se convertían en certeros disparos al corazón, que lo llenaban de vida. No me cupo la menor duda: aquel orador era también un orante. Había visitado el cielo antes de hablarle a la tierra.

Dicen que, de tales padres, tales hijos. Si eso es cierto, y yo creo que lo es, este hijo de papel y tinta que Sixto ha alumbrado y que usted sostiene entre sus manos, será un digno referente de su padre. Es por eso que prologar este libro supone para mí un verdadero reto, y el más alto de los elogios. Lo hago con profundo respeto, inmensa alegría y sincera gratitud. Las páginas en las que está a punto de sumergirse son algo así como "el frasco de la esencia". El néctar destilado por alguien que habla con Dios acerca de los hombres, antes de hablarles a los hombres acerca de Dios. Su precisión en el discurso, su sensibilidad concentrada y la espiritualidad que dota de poder a las palabras… Todo ello puesto en negro sobre blanco.

¿Se puede pedir más?

Puedo asegurarle que zambullirse en estas páginas es embarcarse en una travesía que no dejará indiferente a nadie. En ellas Sixto nos sienta frente a nuestros hijos, y nos invita a contemplarlos como el más preciado regalo que Dios nos brinda. Un regalo de cristal que podemos modelar con Su ayuda, pero que también podemos quebrar fácilmente. Pero el énfasis está en lo positivo. ¡Nunca antes había pensado en las inmensas posibilidades que están a mi alcance para hacer felices, seguros y auténticos a mis hijos! Lo que he leído me ha convencido de que puedo cincelar una sonrisa en sus rostros, y dejar marcas indelebles en su corazón; puedo grabar en su alma frases que lo acompañarán de por vida… Y he sido confrontado con la realidad de que la calidad de esas marcas tendrá una poderosa influencia sobre sus vidas. Quiero escribir bien… quiero grabar lo conveniente, pues lo que escriba en su corazón será el libro más importante de mi vida.

Le sugiero que busque un lugar tranquilo, y serene su alma para participar de estas líneas. Puedo asegurarle que una lectura reposada de las páginas que siguen cambiará áreas fundamentales de su vida, alterará decididamente su relación con sus hijos y, por lo tanto, provocará cambios en la historia. Porque *el mundo que dejaremos a nuestros hijos dependerá de los hijos que dejemos a nuestro mundo.*

Gracias, Sixto, por este nuevo legado que nos regalas. Espero y deseo que no sea el último.

Sin más, damas y caballeros, bienvenidos a un viaje que alterará áreas esenciales de su vida.

—*José Luis Navajo*
Autor de éxitos de ventas

PARTE I

SUEÑOS Y PROPÓSITOS

El éxito es camino, y lo construyen un buen carácter, valores fuertes, buenos hábitos, y una extraordinaria capacidad de hacer frente a los momentos difíciles. Por eso, los padres debemos acompañar a nuestros hijos en este camino maravilloso que se llama éxito. — S.P.

INTRODUCCIÓN

*T*odos nacimos para tener éxito, pero tenemos que tenerlo bien definido en nosotros para poder vivirlo. Al experimentarlo, podemos guiar a nuestros hijos para que ellos lo alcancen también.

El éxito no es casualidad. No es un golpe de suerte, ni depende de las circunstancias. No es para ciertas personas con características socialmente destacables. El éxito es para todos, porque nacimos con un propósito divino por designio de Dios, y con una historia por descubrir y vivir.

Si deseamos guiar a nuestros hijos al éxito, tenemos que experimentarlo primero nosotros, porque lo único que podemos dar es lo que tenemos. Estamos equipados para guiar a nuestros hijos a algo mejor. Nuestros hijos nacieron para romper las marcas alcanzadas por sus padres, porque se levantan a partir de los logros obtenidos por ellos. Por eso, todos nosotros como padres debemos decidir en dónde deseamos que ellos inicien, y cómo deseamos impulsarlos al éxito.

Ser una persona exitosa no significa tener; significa disfrutar. No significa posición; significa servir. No significa reconocimiento; significa realización. Por eso, el éxito es para ser vivido y disfrutado.

> Ser una persona exitosa no significa
> reconocimiento; significa realización.

El éxito es camino, y lo construyen un buen carácter, valores fuertes, buenos hábitos, y una extraordinaria capacidad de hacer frente a los momentos difíciles. Los padres debemos acompañar a nuestros hijos en este camino maravilloso que se llama éxito.

Nuestros hijos no nos pertenecen; se pertenecen a ellos mismos, a su destino y sobre todo a su Creador, quien diseñó un plan maravilloso para cada ser humano. Es nuestra misión hacer que nuestros hijos lo descubran. Cuando hablamos a nuestros hijos, les estamos transmitiendo lo que significan para nosotros. Por eso debemos escucharnos hablar cuando nos dirigimos a ellos. Es cuando vamos a descubrir el lugar que ocupan en nuestro corazón. Podría ser que no esperábamos que nacieran, y eso frustró otros planes. Podría haber nacido fruto de una relación que terminó. Podría ser que deseábamos una niña, y nació un niño. Pero no importa la circunstancia en la cual nacieron nuestros hijos, Dios dice lo que significan.

> *¿Usted no ve que los hijos son el mejor regalo de Dios? ¿Y el fruto del vientre es su generoso legado? Como flechas de un valiente guerrero son los hijos de una juventud vigorosa.* (Salmos 127:3-4 MSG)

Los hijos son un regalo de Dios, y nacieron por voluntad divina, y no por voluntad humana. Son una recompensa para nuestras vidas, y ahora Dios los ha puesto en nuestras manos para que los impulsemos al destino correcto, al cumplimiento del plan que lleva sus nombres.

Dios es un Dios de destino, de planes maravillosos que van más lejos de lo que imaginamos, y de las mismas circunstancias que vivimos como familia. Dios ha diseñado para cada ser humano una historia por vivir, tal y como lo expresa el Salmo 139: 13-17 (MSG).

> *Sí, tú le diste forma primero a mi interior, luego a mi apariencia; me formaste en el vientre de mi madre. ¡Gracias, Altísimo Dios, ¡eres asombroso! Cuerpo y alma, estoy maravillosamente hecho. Te alabo en adoración. ¡Qué creación! Tú me conoces por dentro y por fuera; conoces cada hueso de mi cuerpo. Tú sabes exactamente cómo fui hecho, poco a poco, cómo fui esculpido de la nada en algo. Como un libro abierto, me observaste crecer desde la concepción hasta el nacimiento; todas las etapas de mi vida fueron presentadas ante ti. Los días de*

mi vida todos preparados antes de que viviera siquiera un día. Tus
pensamientos, ¡cuán extraordinarios, cuán hermosos! Dios, nunca los
comprenderé. No podría ni empezar a contarlos, no más que lo que
podría contar la arena del mar.

Nuestra misión como padres es pedir a Dios que nos guíe para conducir a
nuestros hijos al destino señalado, al éxito que nuestros hijos merecen vivir.
Uno de los privilegios más grandes que tenemos es dejar a nuestros hijos
en el lugar correcto cuando hayan crecido, con las herramientas necesarias para cumplir su misión, y con un corazón dispuesto a vivir la vida con
pasión.

No significa que todo dependa de nosotros, porque el propósito tiene que
ser revelado por Dios a cada persona. Pero mucha de esta comprensión
viene a la vida de los hijos cuando invertimos tiempo en educarlos, les
hablamos correctamente, los afirmamos, los impulsamos, los consolamos,
y los acompañamos en su crecimiento. Esta marca en la vida de nuestros
hijos les guía al éxito.

Esa es la misión que tenemos que cumplir: dejar un legado en nuestros
hijos que les permita escribir la mejor de las historias mientras recorren el
camino al éxito.

Nuestros hijos comprenderán que nacieron con sentido de destino cuando
nos vean a nosotros vivir con sentido de propósito todo lo que hacemos.
Podemos ser simplemente padres cansados, ofuscados, preocupados, o
padres que impulsan a sus hijos al destino correcto; padres apasionados
por ver a sus hijos crecer como personas de bien.

Somos padres que dejan marca en las vidas de sus hijos a través de todo lo
que hablamos con ellos, porque son nuestras palabras las que les ayudan a
interpretar lo que van a experimentar en las diferentes etapas de su crecimiento. Y cuando ellos crecen y toman conciencia de lo que vivimos como
familia, son capaces de recordar la historia, como lo hizo mi amigo Jorge:

Les presento a quien con 22 años me dio a luz. Mujer valiente, heroína.
Lastimada mil veces, sin recursos y con mucha pasión, aceptó traer al
mundo 5 hijos. Ella nos acompañó a las reuniones de la escuela. Ella
lloró y nos guardó con sus oraciones, y sus deseos los estamos viendo

cumplirse en nosotros. Mis hijos y mis nietos conocerán de su valentía. Mujeres así deben ser honradas todos los días. María Luisa también le ganó mil veces a la indiferencia y al desprecio. Ella quizás todavía no se dé cuenta de lo valioso de su aporte para las generaciones futuras. Mi mamá es un ángel que llegó para cumplir un propósito.

—Jorge Kurrle. JK

Espero que disfrute la lectura de este libro.

CORAZÓN DE SOÑADOR

Los sueños nacen cuando descubro la pasión de mi alma, la razón por la cual existo.   —S.P.

*E*lla era una mujer pequeña de estatura, morena, sexto grado de la escuela, es decir, sin estudios, hija de una amante, regalada por su mamá, no valorada por su papá, lastimada en su infancia. Ella no tenía capacidad para soñar. Pero cuando Dios se reveló a su vida, se despierta en ella una habilidad de trabajar, de soñar, de creer, y siempre miraba las cosas en positivo. Ella perdona los errores de los demás, nunca deja que la escasez que tuvimos en algún momento rigiera nuestra definición de quiénes éramos, sino que nos enseñó a soñar, a amar, y a vivir los sueños plenamente. Esa es mi mamá. Ella me enseñó a soñar.*

Mi mamá vivió en el futuro. ¿Por qué? Porque ella soñaba, miraba hacia adelante, y miraba oportunidades: "Esa tierra se puede comprar, eso se puede construir". Ella decía: "Sí se puede". Comenzaba a ahorrar poco a poco, iba, hablaba, negociaba con la gente, iba con el banco… De repente ya había comprado la propiedad, y ahora nos tocaba desarrollar lo que había visualizado. Pero ese espíritu de soñar es lo que hace la diferencia.

Así nos enseñó que ese terreno se podía comprar. Nos enseñó que ese edificio se podía construir. Nos enseñó que luego de construir esto, había que comprar otro terreno, y construir algo más grande. Nos enseñó desde niños a soñar con nuestra casa propia. Nos enseñó a amar a Dios con todo el corazón. Ella nos enseñó a soñar.

Nosotros no nos dimos cuenta que fuimos pobres hasta que ya no éramos pobres. Mi mamá nunca nos dijo que fuimos pobres. Los cumpleaños eran en la casa de los primos; íbamos a los cumpleaños de ellos, que tenían dinero y posibilidades. Nosotros teníamos una bola porque alguien nos la regalaba. No había cumpleaños en nuestra casa, la luz se iba por falta de pago, dormíamos todos en un mismo cuarto, pero nadie nos dijo que éramos pobres. Siempre vivimos como ricos.

¿A qué me refiero? A que siempre hubo amor, hubo ternura, hubo sueños, hubo anhelo. Esto quiere decir que lo que ella hizo fue desarrollar en nosotros la habilidad de soñar.

Ella no se quedó atrapada en el pasado, en lo que le dijeron, en el abandono, en el abuso, en la agresión, en los errores. Ella recibió el perdón, perdonó a los demás, se proyectó hacia el futuro, y siempre vivió mirando hacia adelante. No tenía mucho, pero lo que tenía lo compartía.

Aun el día anterior a su muerte, dijo: "Dios me llamó a su presencia. Me voy, y me voy feliz y contenta, porque todo lo que Dios me ha dicho que mis ojos verían, mis ojos lo vieron". Hasta el último día nos enseñó a ver la eternidad con esperanza. Cuando muere, hay muchas personas que llegan a su funeral, personas humildes que decían: "¿Ahora quién me comprará los útiles?", "¿Ahora quién me ayudará?", "¿Ahora quién me aconsejará?". ¡Hubo tanta gente que llegó con un corazón agradecido!

Mi mamá ha sido nuestra principal fuerza. Cuando ella tomaba a Daniel en sus brazos, lo levantaba y decía: "Este será un sabio Salomón. Dios me diera vida para verlo crecer". Eso es lo que ella nos enseñaba. Siempre nos enseñaba a ver el futuro con esperanza, y a tener un sueño que nos proyectara en el tiempo.

Uno tenía que preguntarse de dónde sacó tanto. Bueno, lo sacó de que en lugar de vivir como víctima, decidió vivir como alguien capaz de construir una historia.

La capacidad de disfrutar la vida no la determina el lugar de donde vengo, el color de mi piel, la estatura que tengo, ni el salario que yo gano. La determina la actitud que tengo en mi corazón, la fe que apasiona mi alma, y el gozo que dejo que domine mi vida.

Si alguien me enseñó a soñar fue ella: mi mamá. Ella es la que nos enseñó a soñar. Siempre es inolvidable la persona que le enseña a uno a soñar. Por eso los padres deben enseñar a soñar a sus hijos. Cuando mis nietos me pregunten quién me enseñó a soñar, les voy a contar que mi mamá siempre me enseñó a soñar.

> ## Siempre es inolvidable la persona que nos enseñó a soñar.

Lo otro que mi mamá nos enseñó es a ayudar siempre al más necesitado. Ella siempre nos hacía ver la necesidad de los demás, y nos inculcó el anhelo de tener una mano extendida para ayudar a otros. Eso significaba que usted siempre está bien, porque usted puede ayudar.

¿Por qué es tan importante que los padres enseñen a sus hijos a soñar? Porque una persona que tiene sueños en el corazón y en su mente, tiene ilusión, alegría, contentamiento. Los días se le van rápido, nunca más volverá a experimentar aburrimiento, desgano o pereza. Una persona con un sueño no tiene tiempo para envidiar lo que otros hacen. Está enfocado, ubicado, y siente pasión por lo que hace. Habla de sus sueños, del anhelo en su corazón, y contagia e inspira a otros.

Los sueños son la habilidad de ver en el presente de nuestra imaginación lo que va a ocurrir en el futuro. Tienen que ver con la causa que debemos cumplir, con la misión que vinimos a vivir. Nos proyectan en el tiempo, y generan dentro de nosotros ilusión, alegría, pasión y entusiasmo. Nos animan a hacer lo correcto porque queremos ver esos sueños hechos realidad.

Soñar...

- ✦ **Aumenta el potencial.** Cuando el sueño es un auténtico deseo personal, generalmente es la expresión de nuestros dones naturales, los que Dios nos dio para desarrollar. Entre más alto es el desafío, mayor exigencia tendrá el potencial.

- ✦ **Ayuda a establecer prioridades.** Quien tiene un sueño conoce a lo que tiene que renunciar con el propósito de avanzar con intención, sentido y dirección. Puede medir cada cosa que hace según le sirva o contribuya a su sueño. Un sueño pone en perspectiva todo lo que hacemos y pensamos.

+ **Anticipa nuestro futuro.** Cuando tenemos un sueño, no somos solo espectadores sentados a la espera de que todo salga bien. Tomamos una parte activa en la formación del propósito y significado de nuestra vida, y aun ayudamos a otros a alcanzar el suyo.

+ **Nos impone asociarnos a las personas correctas,** y alejarnos de ambientes dañinos.

+ **Nos dirige.** Nos hace confiar plenamente en Dios, y no en nuestras fuerzas.

+ **Nos ayuda a definir las metas** por alcanzar, las cuales son progresivas. Nos permite ver los avances que estamos teniendo. Las metas son sueños con fechas específicas para convertirse en realidad.

> ## La misión de un sueño es dar la oportunidad para que se desarrolle el potencial.

Toda persona que tiene un sueño es alguien que aprovecha las oportunidades al máximo, porque sabe que vienen de parte de Dios. Disfruta aprender de los demás, y mantiene un alto espíritu de superación. Esa es la gran diferencia. Tal vez lo que nos ayuda a comprender la importancia de los sueños es decir lo contrario. Una persona sin un sueño simplemente trabaja, pasa aburrida, se queja de todo. Todo lo critica, todo lo ve mal, porque tiene envidia de lo que otros hacen.

Los sueños no tienen nada que ver con cuánta abundancia usted tenga, o cuánta abundancia usted quiera. Los sueños no tienen nada que ver con el pasado. Tienen que ver con el futuro, y la plataforma para llegar al futuro es el presente. Son alimentados a partir de los deseos de nuestro corazón. Por eso todos tenemos que tener una revelación de Dios a nuestra vida, sobre cuáles son sus planes para nosotros.

Un sueño es una idea vaga de lo que Dios va a hacer con nosotros, y nos revela dones, habilidades, e inteligencia porque nos proyecta hacia el futuro. Está acorde a la naturaleza que Dios nos ha creado.

> Los sueños están en función de lo que Dios
> formó en nosotros desde antes de nacer.

Despertar sueños

Los sueños se despiertan de varias maneras. La primera vez que tuve una visión que me proyectó hacia el futuro, tenía cinco años. Andaba en bicicleta, vi los cielos abiertos, y yo entendí que me estaba sucediendo algo que era sobrenatural, pero no lograba discernirlo. Simplemente fue algo que vi, grité, llamé a mi mamá, y ella vino. Creyó que me había caído y yo le señalé el cielo, pero ella no lo vio. Entonces, a los cinco años yo entiendo que eso que yo estoy viendo es personal, pero no conocí el significado de esa visión hasta después.

Esto me lleva a decir que los sueños no tienen edad. Jesús tenía 12 años cuando apasionadamente se sienta en el templo a hablar con los doctores de la ley.[1]

Hay un sueño, hay un anhelo, una pasión en el corazón, que se expresa en cualquier momento. Entonces no hay edad para que uno comience a estimular los sueños en el corazón de los hijos. Pero los sueños no se imponen; no son mis deseos impuestos sobre mis hijos, ni mis deseos frustrados.

Uno, los sueños son algo personal, auténticos, y vienen del corazón. Los sueños que vienen a mi vida tienen que ser producto de despertar dentro de mí la ilusión.

Dos, los sueños pueden nacer producto de que escuché una noticia que tuvo en mí un impacto diferente al que tuvo en los demás.

Una amiga mía comenzó su proyecto de empresa y de escribir profesionalmente a los 65 años. Cuando conozco a Mary Ruth, ella tenía 85 años, era una empresaria exitosa, una conferencista internacional, una escritora impresionante, con una pasión y una alegría profundas. Cuando ella me dice que comenzó a los 65, me doy cuenta que, para soñar, nunca es tarde y nunca es temprano. Los sueños se despiertan en el momento que uno menos lo espera.

> Soñar es la habilidad de ver en la imaginación
> lo que va a ocurrir en el futuro.

Un papá le ayuda a su hijo a encontrar sus sueños cuando lo acepta tal y cual es, cuando lo ama, lo bendice, y expresa ese amor de mil maneras. Una de las grandes luchas que tienen los hijos es enfrentar el rechazo de una madre o de un padre porque no les llenó sus expectativas. Por eso yo despierto los sueños en mis hijos cuando oro por ellos.

¿Cuándo puedo comenzar a bendecir a mis hijos? Desde antes que nazcan. Si un adolescente comienza a planear su futuro, entiende que en algún momento va a ser padre, y comienza a amar a sus hijos desde antes de nacer, se va a despertar en él una pasión impresionante que no cambiará por nada, porque le proyecta en el tiempo. Esto significa que cuando los hijos nazcan, el padre estará enteramente preparado para influenciar, y nutrir de vida y de visión el corazón de sus hijos.

Lo otro es que uno tiene que tener una revelación de cuáles son los planes de Dios para la vida de los hijos. Eso significa afinar mi oído espiritual para que Dios hable a mi corazón sobre lo que Él quiere hacer con mis hijos. ¿Qué es afinar el oído espiritual? Es la sensibilidad de poder escuchar la voz de Dios hablando a mi corazón para poder ver en mi espíritu cuáles son los planes de Dios para mis hijos. ¿Es fácil verlo? No. ¿Fácil de entenderlo? No. ¿Lo revela Dios claramente todo siempre? Tampoco.

Yo tenía 21 años, cuando una mañana mi mamá llega a mi habitación y me dice: "Mi amor, ¿cuáles son los planes que Dios tiene para tu vida?". Yo le digo: "¿Por qué?". "Porque el Señor me dice que debo estar tranquila, que vas a comenzar a viajar, y que recorrerás naciones", y comenzó a hablarme de lo que yo haría en el futuro cercano y por el resto de mi vida.

Si usted me pregunta si en algún momento yo había visto en mi corazón el plan de Dios conmigo, no. Simplemente yo sé que solo quería servir a Dios, pero mi mamá lo vio, y me lo dijo. Eso marcó mi vida.

Digamos que los padres no vemos claramente lo que Dios quiere hacer con nuestros hijos. ¿Qué debo hacer? Declarar promesas, valores, principios; declarar lo que Dios habla en la Biblia a los padres, sobre los hijos.

Lo otro que tenemos que hacer es enseñar a nuestros hijos valores, de tal manera que ellos puedan tener el peso moral y espiritual, y la firmeza necesarios para poder construir los sueños de su vida. Porque los sueños no los construye solamente el deseo. Los sueños los construye el carácter manifiesto, a partir de los valores fuertes y firmes que cada uno de nosotros tiene.

> **Los sueños los construyen el carácter manifiesto, con valores fuertes y firmes.**

Éxito de los sueños

El éxito en el cumplimiento de los sueños no es alcanzar mucho. Entonces no significa que mi misión es alcanzar X cantidad, ser multimillonario; ese no es un sueño válido que un padre deba sembrar.

El sueño es que yo pueda ser mayordomo fiel de los recursos que Dios ha puesto en mi mano, y me permita multiplicarlos. Si me ha dado 10 para multiplicarlos a 50, esa es mi misión. Por lo tanto, no tengo que tener miedo de dirigir a mis hijos a la grandeza, es decir, al cumplimiento del plan de Dios para sus vidas.

En algún momento yo puedo ver la sensibilidad que cada uno de mis hijos tiene. Ahí es donde yo tengo que aprender a escuchar la voz de Dios, para que revele a mi corazón un poco de lo que quiere hacer con mis hijos, y los pueda impulsar a ese destino. ¿Cuál? El que Dios les va a revelar a ellos. Es entonces cuando me convierto en uno que inspira sus vidas.

> **Éxito en cumplir los sueños es alcanzar aquello para lo cual he sido apartado y elegido.**

Por ejemplo, antes de que mis hijos nacieran, yo preguntaba a Dios una razón de por qué tenerlos. Dios me dijo: "Porque necesito profetas y líderes para su generación". Eso es una palabra genérica. Yo tengo que sembrarla en el corazón de ellos. Ellos nacieron para servir a los demás y para ver la gloria de Dios en sus vidas. No importan sus dones particulares. Ellos crecieron con esa palabra.

Cuando Esteban se lanza al ministerio, y proclama la razón por la que existe al grupo de jóvenes que está evangelizando, lo que hace es repetir lo que Dios puso en mi corazón, y que ahora lo ha sembrado en su vida: "Ustedes y yo somos la respuesta para nuestra generación". En el momento en que Esteban se ve así, mi misión está cumplida. ¿Por qué? Porque pude transmitirle a él la palabra que vino a mi corazón claramente.

¿Cuál es la experiencia de Jacob? Cuando Dios se revela a Jacob,[2] le habla la misma promesa que le había dicho a su abuelo Abraham y a su padre Isaac. A eso me estoy refiriendo: que uno puede transmitir a ellos las promesas que Dios nos dio a nosotros primero. Jesús se lo dijo a sus discípulos:

> *Ciertamente les aseguro que el que cree en mí las obras que yo hago también él las hará, y aun las hará mayores, porque yo vuelvo al Padre.*[3]

Me refiero a que podamos impulsar a nuestros hijos a entender que ellos son hijos de un destino. Nacieron con propósito, y con un plan de Dios. Aunque yo no lo vea claro, yo tengo que impulsarlos a la grandeza. ¿A cuál grandeza? A la que habló Jesús. ¿Cuál habló Jesús? Jesús dijo: Ustedes harán las cosas que yo he hecho y aún cosas mayores (paráfrasis del autor). Esto es lo que tenemos nosotros que impulsar en el corazón de nuestros hijos.

Un padre no necesariamente va a verlo todo, porque Dios nunca lo revela todo claramente, pero sí hay una sensación en nuestro corazón que nos indica por qué y para qué nacieron. Cuando yo tenga mis hijos, aún antes de tenerlos, debo impulsarlos en esa dirección.

Mi despertar

Antes de mis 18 años yo viví una adolescencia bonita. Me había apartado de Dios, disfrutaba de la vida, la pasaba bien. Era un seguidor; alguien a quien otros dirigían, aunque yo creía que yo era yo. Pero no puedo decir que algo me ilusionara. Aunque estaba eligiendo carrera, yo no me miraba como un gran abogado, o que yo dijera: "Eso era". No, no. Eso era el cumplimiento de una obligación, de un paso natural en la vida, pero no era mi destino final.

Entro en la universidad, y ahora hay que decidir qué carrera estudiar. Y una película que veo es lo que me impacta. ¿A qué me refiero? A que me emocioné en la película, lloro, pero cuando pienso en mi propia vida, nada me ilusiona. Fue cuando me dije: "¿Cómo es que lloro emocionado en una película, y cuando pienso en mi propia vida, nada me ilusiona?". Fue solo un pensamiento, pero Dios lo tomó en serio, y lo convirtió en realidad.

Dios se metió a mi corazón y lo llenó todo, y dentro de mí se comenzó a despertar una alegría extraordinaria y un gozo por servir a Dios que no podía contener. Fue cuando me di cuenta que para eso nací. Entonces, la vida se transformó en una aventura emocionante. Desde los 18 años nunca más volví a estar aburrido, nunca más carecí de sentido. No significa que no haya experimentado crisis, o que no he vivido momentos difíciles, o que no han existido dudas, o que no se han cruzado personas que han querido destruirlo todo.

Pero creo que se despertó dentro de mí el propósito para el cual fui creado. En un momento habíamos vivido un milagro impresionante en uno de los conciertos en la universidad. Un profesor que se oponía decidió cambiar su clase a otro lugar, y nosotros pudimos realizar el concierto. Esto no era muy común. Él dejó un rótulo indicando que la clase se había trasladado. Cuando vi este milagro, quise guardar el cartel como un trofeo de guerra. A pesar de la oposición de él, hubo un milagro. Cuando yo vi eso, dije: "Dios mío, yo quiero llevar este cartel para recordar el milagro del que fuimos testigos". Y una voz dentro de mí me dijo: "No tendrás tiempo de recordar, porque cada día será un milagro". Y yo puedo decir que desde mis 18 años, he visto milagro tras milagro, y nunca más fue aburrida la vida.

¿Cuál es la diferencia? Dios siempre va más lejos de lo que yo puedo imaginar. Nunca podría haber tenido la capacidad para imaginar lo que Dios tenía reservado para mí, porque todo lo que hago es más grande que lo que yo podía haber soñado. He sido fiel al llamado de Dios, y he tenido un anhelo de servirle a Él.

> Dios siempre va más lejos de lo que
> yo puedo imaginar.

Primeramente era en mi universidad, luego fue en mi país, y hoy en el mundo entero tengo el privilegio de influenciar la vida de los hispanos donde quiera que estén. Y vienen más cosas, porque me pregunto qué Dios hará con mis hijos y luego con mis nietos, y esto me llena de ilusión. Por eso los sueños siempre siguen siendo vagos en la mente, porque Dios siempre va más lejos de lo que usted puede imaginar, y lo transforma a uno en una persona feliz, plena, llena de energía y de fuerza. No siento que los años hayan pasado. Ha sido un camino que se convirtió en una gran aventura.

Cada día me levanto con la ilusión de ayudar a las familias a mejorar, y deseo aportar a los hogares de Iberoamérica. Es aquí cuando me doy cuenta que es la pasión que está en mi corazón. Cuando lo comparto con otros hablo de esto, sueño con esto, leo de esto, veo noticias de esto, investigo de esto. Es lo que me ilusiona, me inspira y me llama todos los días.

Cómo soñar

Yo desperté a mi sueño preguntándome a mí mismo. ¿Y si usted les dijera a sus hijos que se preguntaran lo siguiente?: ¿Por qué nací? ¿Quién soy? ¿Cuál es mi inteligencia dominante? ¿Cuáles son las habilidades y los dones que Dios me ha dado? ¿Qué me ilusiona? ¿Qué me apasiona? ¿Qué me entusiasma?.

Nadie nace con un sueño estático. Los sueños evolucionan en el tiempo. Por eso tengo que aprender a desarrollar mi habilidad de soñar; a creer que en aquel partido me va a ir bien, que aquello que me dijeron que yo no podía hacer lo voy a poder hacer, y voy a trabajar y a esforzarme en desarrollar eso que Dios ha puesto dentro de mí.

Todos hemos sido descalificados. Nos han expulsado de alguna escuela deportiva. Nos han dicho que no somos buenos para la música; que no tenemos voz; que somos muy gordos; que somos muy malos; que somos muy feos; que no somos buenos. Nos han dicho que somos de una familia pobre. De todo nos han dicho, y nosotros nos lo hemos creído.

Número uno, el punto importante es que nosotros entendamos que nada de eso puede detenernos. Número dos, tenemos que descubrir esa alegría que viene en el corazón, y siempre tener un sueño que nos haga ir hacia adelante.

Alguien me ha preguntado: "¿Usted algún día soñó con estar al lado del Dr. Dobson o de Jim Daly o de *Enfoque a la Familia?*". "No". Cuando ellos comenzaron a buscar a alguien para el puesto, yo recomendé a otras personas, pero yo no me miraba a mí mismo. Yo no puedo haber soñado ese tipo de cosas tan grandes. Pero sí, yo sabía que había nacido para servir a Dios en mi vida y ver la gloria de Dios.

Eso fue lo que Jesús nos enseñó. Él tomó a sus discípulos y les dijo: "(...) *Te he puesto para luz de los gentiles, a fin de que seas para salvación hasta lo último de la tierra*".[4]

No les preguntó si tenían dinero para hacerlo. Les dijo que tenían que influenciar el mundo. Nunca centró la misión que había encomendado a sus discípulos, en los recursos que tenían. Siempre lo centró en la visión, en lo que apasiona y desafía.

Entonces nosotros podemos enseñar a nuestros hijos a vivir la grandeza de los sueños cuando hacemos que ellos se proyecten en un espíritu agradecido, un corazón noble, pero sobre todo, en una habilidad de ver con los ojos del espíritu los planes que Dios tiene para cada uno. No tiene nada que ver con parecerse a alguien más. Por eso no surge cuando nos comparamos; surge cuando nos encontramos.

¿Cómo yo puedo matar los sueños de mis hijos? Con palabras que destruyen, como "No podemos", "Nosotros no nacimos para esto", "Otros sí pueden", o cuando los comparamos. Cuando uno no se compara, uno puede vivir apasionadamente lo que Dios le ha dado a vivir. Por eso tenemos que entender que los más grandes soñadores no son los que más tienen.

> Los más grandes soñadores son los que apasionan su corazón por una causa que les inspira.

Luchar por el sueño

Enseñe a sus hijos a soñar. Haga que siempre tengan un sueño que les inspire, y les desafíe. Quien no tiene un sueño que le inspire llegará a cualquier lugar o se parecerá a alguien más, menos a él mismo. Por eso, al animar a que nuestros hijos tengan sueños propios, los guiamos a descubrir quiénes son. Todos necesitamos dirigirnos a un destino, recorrer un camino, y tener una dirección a dónde ir.

Los sueños son como una brújula que nos dice en qué dirección debemos viajar, y nos muestra el camino a seguir. No significa que el camino es fácil, pero sí nos dice el destino al que deseamos llegar. Anime a sus hijos a siempre tener un sueño personal, y a luchar por alcanzarlo. Porque un sueño se une a un nuevo desafío, y puede encontrar adversidad.

¿Cómo lucho por lo que quiero? ¿Cómo lucho cuando los demás no creen en mis sueños? Esto es algo que uno tiene que entender, y enseñarlo a los hijos. No sé por qué a las personas les cuesta creer en el sueño de los demás. Esto es algo difícil de comprender, porque cuando alguien tiene un sueño, todos los demás deberían alegrarse, emocionarse, animarlo, estimularlo, aplaudirlo, y acompañarlo. Pero cada quien tiene un sueño por conquistar, y debe enfocarse en convertirlo en realidad.

Un amigo me preguntó cómo puedo ayudar a otros padres a no juzgar ni ver a sus hijos a través de los filtros, por ejemplo, las calificaciones en la escuela, que se pueden convertir en un obstáculo contra un sueño. Esto es fundamental si queremos ayudar a nuestro hijo a elegir los pensamientos correctos sobre sí mismo.

> Cuando juzgamos a un pez por su habilidad de trepar a un árbol, crecerá pensando que es tonto.

Albert Einstein decía que cuando juzgamos a un pez por su habilidad de trepar a un árbol, crecerá pensando que es tonto. Los padres debemos aprender a ver a nuestros hijos como un universo único, y no estándar.

Se ha desarrollado la teoría de inteligencias múltiples. Esta teoría ha abierto en el mundo intelectual algo que Dios ya estableció dentro de la variedad de lo que somos los seres humanos. Él puso algunos en la tribu de Judá, con un propósito; puso a los levitas con otro propósito y otros dones; puso a aquellos artesanos y personas hábiles para trabajar el oro, y para trabajar la madera; otros para diseñar, y para ser arquitectos. Puso profetas en medio del pueblo, y estableció dones, habilidades, y repartió inteligencia y llamado de acuerdo a las tribus y a los propósitos que Él tenía.

Hoy vivimos en un mundo que es lineal. Las personas se miden por tres cosas básicamente. Una es la inteligencia definida por el sistema educativo, que lo reflejan las calificaciones obtenidas. Esto tiene un problema: solo mide la inteligencia que viene a partir de lo que se lee o de lo que se escucha. Tiene la capacidad de medir únicamente la retentiva de memoria, y esto no necesariamente aplica para todos los niños. Porque puede haber otra inteligencia diferente que el sistema educativo no está midiendo o tratando de desarrollar.

El segundo atributo más apreciado en nuestra sociedad es la belleza. Las personas se deshacen en halagos cuando los ojos son exuberantes, y las facciones son bellas. Aquella niña y aquel niño con atributos como esos crecen con una adulación que va a distorsionar el concepto de belleza real, porque el día en que no reciba el halago va a sufrir profundamente. La belleza integral, la que sigue con nosotros cuando los años pasan, trasciende el aspecto físico.

La tercera habilidad que se premia es la habilidad deportiva. Las personas mejor pagadas del mundo, fuera de los empresarios o de los genios que lograron patentizar grandes inventos, son los deportistas. La persona que tiene una habilidad deportiva tiene una inteligencia fácil de reconocer.

Estos son tres antivalores que han dañado la posibilidad de juzgar a nuestros hijos correctamente. Puede ser que usted tenga en casa un artista extraordinario, un Picasso, un Van Gogh, un Botticelli. Puede ser que tenga un músico maravilloso, un Mozart, un Beethoven, un salmista. Puede que tenga una persona con una inteligencia diferente, por ejemplo, un niño que tiene algún grado de autismo, o que es retraído, cuyo comportamiento lo hace poco sociable y monotemático; es un genio y tiene una misión importante que cumplir en la vida. Quiere decir que un padre tiene que luchar para no dejar que su mente se vea afectada por los esquemas del mundo, y no caiga en la trampa de menospreciar a su hijo.

Uno, tiene que ayudarse a aceptar a su hijo tal cual es. Si es tímido, es tímido. Si es extrovertido, es extrovertido. Si lo pregunta todo, lo pregunta todo. Si está lleno de energía, déjelo correr.

Número dos, tiene que invertir tiempo en conocer a su hijo para descubrir su inteligencia dominante. Número tres, tiene que orar a Dios para que Dios hable a su corazón y principalmente al corazón de su hijo, sobre la razón por la cual lo ha creado como lo ha creado. Y cuatro, tiene que encontrar el propósito por el cual Dios le ha traído a este mundo.

> Tenemos que criar a nuestros hijos con una aceptación total y absoluta.

Debemos enseñarle que se acepte a sí mismo. Tenemos que ayudarle a invertir tiempo en descubrir su inteligencia dominante, a que él pueda ir a todo lo que le gusta, y ayudarle a verse como alguien que tiene destino y propósito en la vida. Esto lo equipa para ir hacia adelante, y aspirar al cumplimiento de sus sueños.

Hay otra característica que hay que desarrollar que se llama carácter.

El carácter es lo que ayuda a su hijo a compensar las áreas donde no es bueno. Por ejemplo, el niño se sentirá muy mal porque nadie lo elige para el partido de fútbol o de béisbol, porque no tiene ninguna habilidad deportiva. Entonces va a enfrentar un rechazo muy fuerte, y va a tener que luchar con complejos internos. ¿Por qué? Porque él nota que los chicos populares en la escuela son los deportistas.

Él no es deportista, entonces, ¿de dónde saca la fortaleza emocional necesaria para sentirse importante y aceptado? La saca de la aceptación, del amor, y de la afirmación que hay en casa, y de que él tiene otra inteligencia.

Cuando la chica que le gusta le pregunte a los 15 años si él va a jugar fútbol, básquetbol, béisbol o fútbol americano, y él tenga que decir que no, pareciera que va a quedar muy mal. Pero cuando ese chico a los 15 años le cuente a ella que no juega fútbol, pero que le gusta tocar la guitarra, y sin pensarlo dos veces comienza a tocarla para ella, él volará hasta el cielo.

¿Por qué? Porque él va a tener la respuesta correcta en el momento crucial: "No juego fútbol, soy bueno en las artes, soy bueno en esto, me conozco, y desde los ocho años voy a clases de música. Mis padres me llevaron, pagaron clases, me acompañaron, me estimularon, y hoy puedo sacar la melodía más hermosa del mundo". Ese día seremos amados por nuestro hijo, y no dejará de abrazarnos y de agradecer. Es el joven más feliz del mundo, porque sabe quién es y en qué es bueno. Él logró brillar, y eso fue suficiente para sentirse seguro, confiado y animado para enfrentar el mundo, la vida y el futuro.

Cuando los padres vemos a nuestros hijos con esta ilusión, con esta alegría, con esta realización, somos las personas más felices del mundo. Cuando usted acepta, admira, respeta, valora, empodera, acompaña, instruye, mentorea y enseña a su hijo para que él descubra la razón por la que nació, la inteligencia dominante que tiene, el propósito con el cual nació, y que tenga expectativa hacia el futuro, somos un equipo perfecto.

Nuestros hijos inician sus vidas en el lugar donde nosotros hemos llegado, pero llegarán tan lejos como los impulsen nuestras palabras, nuestra aceptación, y nuestra admiración.

¿Qué pasa con aquellos jóvenes que no tienen quien los impulse?

El fracaso viene a nuestras vidas cuando nos vemos a nosotros mismos como víctimas del error de los demás, y es cuando vivo reclamándole a la sociedad, a Dios y a mis padres lo que no me dieron. Puede ser que nuestros padres no nos afirmen porque no saben cómo hacerlo, ya que nunca lo hicieron con ellos, o bien, puede ser que no lo hagan porque sus corazones están llenos de amargura. Esto impone el desafío de que tenemos que sacar fuerza, ánimo, y afirmación de nuestro propio ser interior, y ocurre cuando nos encontramos con Dios, con nosotros mismos y con nuestro propio destino. Somos una creación maravillosa de Dios, y nadie puede destruir el propósito para el cual hemos nacido.

> ## Lo que los demás hagan o no hagan, no puede determinar lo que somos y cuánto valemos.

Hay jóvenes que han crecido con la abuela, con los tíos, o bien, con su mamá, porque el papá los abandonó. ¿Significa eso que están destinados al fracaso? De ninguna manera.

Cuando yo me veo como una persona que a pesar de la adversidad, a pesar de las luchas, y a pesar de los errores de los demás, tiene fuerzas y sueños por cumplir, aprovecho las oportunidades al máximo, fortalezco mi carácter, y me atrevo a conquistar lo que me apasiona.

Un ejemplo de esto es nuestro presidente en *Focus on the Family*, el Dr. Jim Daly. Su mamá muere cuando es un niño, el padrastro lo abandona, y crece en orfanatos. Pero se levanta como hermano mayor para escribir una historia impresionante. Él nunca se rindió, y hoy es un extraordinario padre, un gran esposo y un soñador incansable. Su espíritu compasivo y su alegría nos inspiran a todos los que estamos a su lado. Igualmente vamos a encontrar a muchos jóvenes que en la escuela un profesor los rechazó, y a pesar de eso decidieron luchar por superarse. Albert Einstein, cuando entró al politécnico de Zúrich, no lo aceptaban porque dijeron que no tenía la capacidad intelectual para estar en este centro educativo, y sin embargo, era Albert Einstein.

Cuando un hijo experimenta rechazo en la escuela y lo estigmatizan con calificativos que lastiman como "Su hijo tiene mala conducta, molesta a todo el mundo, interrumpe en las clases, no vamos a admitirlo más", tráiganlo a casa, instrúyanlo, enséñenle a leer, busque un centro educativo donde lo acepten, porque lo que usted tiene en la casa es un genio, un líder nato, un carácter inquieto que no soporta la estructura lenta de un centro educativo convencional.

Tengo un amigo que vivió con unos abuelos que lo rechazaban, lo marginaban, lo comparaban con unos tíos que lo humillaban, y él en medio de la deshonra y del rechazo, determina que un día será la admiración de la familia.

Desde los 14 años comenzó a ahorrar, a hacer negocios pequeños, a comprar y a vender. Sacó de su interior fuerza, perseverancia, dignidad y la pasión necesaria para creer que su sueño se podía convertir en realidad. Hoy es un empresario que les da trabajo a los tíos, y al abuelo, que fue el que lo crió. Cuando cuenta esto, él llora y dice: "Quién diría que ellos se burlaban de mí, me humillaban y me menospreciaban, y hoy comen de mi mano". Él es un José.[5] ¿Por qué? Porque tomó la adversidad como un impulso para superarse.

> La adversidad es plataforma para impulsarme
> a algo extraordinario.

José es rechazado por sus hermanos, porque él es el favorito del papá. Es vendido como un esclavo. En medio de esto llega a ser el principal entre los esclavos en la casa de su amo, es engañado por la esposa de Potifar, y termina en la cárcel.

Él podría pensar que los sueños que tenía eran fantasía, pero creyó que Dios lo había llamado, se mantuvo fiel a los valores que lo inspiraban, mantuvo vivo el sueño en su corazón, y creció en su relación con Dios. Lo que él no sabía, pero intuía, es que en cada una de esas circunstancias se iba formando el carácter de un gobernador, de un rey. Y cuando llegó el momento de ser el gobernador de Egipto para administrar las riquezas del reino, él estaba listo. Ahora tenía 30 años y no culpa a sus hermanos: "No fueron ustedes los que me enviaron aquí; fue Dios el que me trajo aquí".

Ahora se cumplía el sueño que él había tenido desde los 17 años, que un día él estaría de pie y sus hermanos se inclinarían. En ese momento tenía el honor de alimentar a su familia. Esto no hubiese ocurrido si él se hubiese llenado de odio, de rencor, de amargura, de deseos de venganza, o bien si hubiese vendido sus convicciones frente a la seducción de la esposa de su amo. Pero él se mantuvo leal al llamado, y entendió que donde quiera que estuviera, donde quiera que fuera, él iba a ver la gloria de Dios. Bien lo dice la historia: dondequiera que llegaba, José terminaba floreciendo, porque la mano de Dios estaba sobre él.

Eso significa que no importa dónde usted haya crecido, no importa que lo hayan abandonado, no importa que hayan abusado de usted, o que nadie le haya creído. Si hay un fuego en su corazón que se levanta como una llama pequeña que le dice que hay algo de grandeza dentro de su vida, tiene que aprender a soltar ese fuego para poder iluminar la vida de muchos. La adversidad ha sido ocasión para formar carácter, ponerle en el lugar correcto, y traerle a vivir lo que Dios tiene para usted.

Para formar en nuestros hijos el corazón de un soñador, tenemos que entrenarlos para enfrentar la adversidad, y contarles que los sueños tienen nombre y apellido, porque son de ellos y de nadie más. Tenemos que enseñarles a caminar cuando no sientan, a perseverar cuando no vean, y a creer que la promesa de Dios se va a cumplir. También tenemos que ayudarles a entender que los sueños no siempre serán claros, pero solamente ven el cumplimiento de los sueños los que se atreven a caminar por la fe. Debemos enseñarles a caminar cuando la noche es oscura, cuando no hay milagros, y llega la hora de ir a la cruz. Es entonces cuando Dios se hace presente, y nos lleva va más lejos de lo que nosotros podemos imaginar.

> ## Solamente ven el cumplimiento de los sueños los que se atreven a caminar por la fe.

Los sueños se hicieron para convertirse en realidad, y cuando se logran, ponen a soñar a otros. Por eso, persevere, pague el precio, y confíe. Dios siempre nos sorprende, llevándonos más alto de lo que pensamos.

Cuando nuestros hijos se convierten en nuestro sueño,
un día serán nuestra alegría.

Los sueños...

+ Surgen a cualquier edad.

+ No se imponen; se inspiran.

+ Se viven personalmente.

+ Traen nombre y apellido.

+ Vienen del corazón.

+ Nos proyectan al futuro.

+ Nos ponen a caminar en la dirección correcta.

+ Evolucionan con el tiempo.

Los sueños se despiertan cuando...

+ Descubro la pasión de mi alma.

+ Encuentro la razón por la que existo.

+ Se despierta en mí una ilusión.

+ Una noticia tiene en mí un impacto especial.

Forme el corazón de un soñador enseñándoles...

+ Que los sueños son suyos y de nadie más.

+ A enfrentar los retos y la adversidad.

+ Acompañe a sus hijos mientras van tras su sueño.

+ Que los sueños no siempre son claros.

+ A descubrir quién es, cuánto vale, y cuánto puede lograr.

+ Que solo ven el cumplimiento los que se atreven a caminar por la fe.

+ A caminar confiando en Dios cuando la noche es oscura, cuando no se siente nada y el cielo hace silencio.

*Dios siempre nos sorprende, llevándonos más lejos de
lo que pensamos.*

DISEÑO DIVINO

Mayo 2015.
Quiero contarles algo.

Hoy recibí mi primer salario como pastor. Eso significa demasiado para mí. Recuerdo cuando en el 2011 yo le escribí un correo a papi contándole mi deseo de un día comenzar a dedicarme más y más a la gente que yo estaba sirviendo. Y papi me decía que a su tiempo llegaría el momento en que Dios iría a proveer para mi sostenimiento. Que Él iba a dar más de lo necesario y que Él se iba a encargar de mí.

Hoy 16 de mayo de 2016 comienzo a ver esa promesa cumplida y aunque no es un salario base o lo suficiente como para yo alcanzar la independencia económica, es una muestra del amor, la provisión y la generosidad de Dios. Y lo recibo con demasiado agrado y gratitud.

Estoy que se me salen las lágrimas, porque no merezco nada de todo lo bueno que Él nos da. Pero esa es Su gracia, que, aunque éramos pecadores, Cristo vino y murió por nosotros. Y solo por Él es que seguimos donde estamos y solo por Él seguiremos siendo diligentes en la obra que nos ha encomendado.

Gracias por el apoyo económico, familiar y espiritual que han hecho en mi vida a pesar de todas mis faltas. No tengo como pagárselo todo, pero el Señor sé que lo toma en cuenta. Gracias por creer en mí. Los amo mucho a los tres.

Esteban

El día que Esteban recibió su primer salario por ser pastor nos escribió a todos en casa esta nota. Se las comparto porque en ella hay gratitud, y a la vez era el cumplimiento de un deseo de su corazón, que era servir a Dios a tiempo completo. Cuando leí lo que Esteban nos había escrito me emocioné porque era el cumplimiento de la promesa: Dios siempre tiene cuidado de nosotros, más de lo que podemos imaginar. Pero también veo un corazón agradecido. Por eso, sigamos sembrando esperanza en el corazón de nuestros hijos, porque a su tiempo verán el cumplimiento de lo prometido.

Observe los talentos

En el capítulo anterior enfaticé la importancia de soñar, y de que enseñemos a nuestros hijos a soñar. Porque éxito es el cumplimiento del sueño de aquello para lo que fueron escogidos, es decir, su propósito de vida. Entonces, ¿cómo descubren su propósito? ¿Cómo les ayudamos a descubrir sus dones y talentos? Y si nosotros aún no conocemos nuestro propio llamado, ¿qué hacemos?

La principal forma de reconocer los dones y talentos de nuestros hijos es a través del tiempo; cuando uno ve su fuente de interés, lo que a ellos les llama la atención, y lo que les gusta hacer. Cuando nos damos cuenta de lo que aman, analizamos lo que hablan, y observamos en lo que invierten su tiempo, podemos descubrir sus intereses, y tener luz sobre el llamado de su corazón.

Cuando ellos traen las calificaciones de la escuela, también nos damos cuenta de cuál es su foco de interés, qué es lo que a ellos le interesa o les agrada más. Ahí es donde nosotros tenemos que estar listos para no exigirles que vayan más allá donde no es su foco de interés, sino más bien aprovechar lo que están haciendo para estimularlos en la dirección correcta, de tal manera que puedan ir desarrollándose conforme a su llamado. Si somos intencionales en afirmarlos y en acompañarlos, los ayudamos a descubrir su propio destino.

Nosotros también tenemos que estimularlos a partir de nuestra propia realización. Cuando nuestros hijos nos ven apasionados, realizados en lo que nosotros hacemos, ellos se ven inspirados. Cada hijo tiene su propio destino, cada hijo tiene bajo su manga una carta escrita en el cielo. Pero hay un legado generacional que es imposible de ignorar. Hay una gracia un don, un llamado, una marca que está en el corazón de toda familia.

> Mientras nuestros hijos nos observan, ellos van inspirando su propia historia.

Por lo tanto, mientras nosotros estamos trabajando y hacemos lo que nos apasiona, sus vidas son inspiradas por nuestra marca genética que pasa de generación a generación. Por eso no es de extrañar que cuando encontramos a un inventor famoso, hay un hijo que es inventor; cuando encontramos a un pastor apasionado, normalmente surge un hijo o una hija con un llamado ministerial.

El otro elemento es que los sueños, o el llamado junto a los focos de interés, van a ir evolucionando con el tiempo. Esto requiere la sensibilidad necesaria a la hora de dar nuestra opinión, y debemos cuidar la manera en que nos dirigimos a ellos, porque lo que decimos debe afirmarlos y a la vez impulsarlos.

Nunca diga: "Eso no", "Eso no sirve para nada", "Cómo se te ocurre decir que vas a ser bombero, policía, ese es un trabajo peligroso, imposible, no debes ni pensarlo". No. Lo que nos toca a nosotros es impulsar la pasión de su corazón, y dejar que vaya encontrando su propio camino conforme va evolucionando. Por eso los padres nacimos para informar, afirmar, impulsar, motivar, mentorear, acompañar, y ayudarles a soñar.

Muchos padres no ayudan a sus hijos a encontrar sus propios dones y talentos, porque no han aprendido a observar los dones y talentos en su propia vida. Me atrevo a decir que les será difícil poder impulsar a sus hijos al destino que Dios tiene reservado para ellos. ¿Por qué? Porque impulsamos a nuestros hijos a partir de nuestra propia experiencia. Pero un padre que lo ha logrado en su propia vida, se verá inclinado a hacerlo de forma natural.

> Los padres nacimos para informar, afirmar, impulsar, motivar, mentorear, acompañar, y ayudarles a soñar.

No significa que un padre que ha tenido que luchar por sobrevivir, y siempre tuvo en su corazón una pasión diferente a lo que hace, no va a ver el propósito para el cual nació su hijo. Un padre seguro, confiado, lleno de fe, emocionalmente sano y con sensibilidad espiritual, no importa el nivel educativo que haya tenido o el trabajo que tenga, lo va a lograr.

Por ejemplo, mi mamá llegó a sexto grado, era hija de un empresario, ella trae en las venas el trabajo, y se encuentra con Dios. En medio de eso ella nos impulsa, nos reta, nos desafía. Uno puede preguntar: ¿Cuál era el destino de mi mamá?, ¿Lo vivió?

Yo creo que sí lo vivió, porque uno lo vive independientemente de lo que hace y de las circunstancias, ya que todo lo transforma en una oportunidad para realizarse, y a la vez, hace grande a quienes tiene cerca. Lo vive a partir de encontrarse con Dios, porque Él lo transforma todo. Esto que estoy diciendo tiene que ver con contentamiento, gratitud, alegría y realización, a partir de ver a Dios en cada detalle y en todo lo que hago. Si un padre es fiel al llamado de Dios en su vida, se realiza en lo que hace y supera las dificultades con valentía, le será fácil impulsar a sus hijos a su propio destino.

Una de las características fundamentales para que el padre pueda impulsar los dones y talentos de sus hijos es que descubra los suyos. Si un padre me pregunta hoy: "Sixto, ¿cómo hago para descubrir mis dones y mis talentos?", yo le respondería que la regla es la misma. Aprenda a observarse, aprenda a ver la pasión que late en su corazón. ¿Qué le gusta hacer?, ¿Qué haría porque le apasiona, porque le gusta, porque llama su atención? ¿Con qué causa usted se identifica?, ¿Qué es lo que le hace llorar y emocionarse? Cuando usted logra desarrollar esa inteligencia dominante que hay en usted, añade valores morales firmes, tiene disciplina, aplica el mejor esfuerzo en lo que hace y deja que el llamado de Dios a su vida lo inspire, surge una fuerza que inspira a sus hijos a seguir sus pasos. No significa que hagan lo mismo, pero se ven inspirados.

Si usted aprende a observarlo, lo va a lograr. Si logra un compromiso grande con una causa mayor que usted, por ejemplo, en la iglesia, en la empresa, en la comunidad, en el país, usted descubrirá eso. Y no importa lo que haga, ponga ahí su corazón.

¿Qué haría usted sin que le paguen? ¿Qué haría porque le apasiona?

Si una persona pone el corazón donde está, tiene 99% de posibilidades de realizarse en lo que haga, o evolucionar y alcanzar aquello. Por ejemplo, ¿qué hizo Jesús antes de los 30 años? Es un misterio. ¿Qué hizo? Posiblemente lo mismo que su padre, porque su padre era carpintero. Jesús era conocido como el hijo de José. Creció con su padre y su madre en el pueblo.

De hecho, cuando Jesús llega a Nazaret puede hacer pocos milagros, porque era amigo de todos, conocido por todos, y es cuando Él dice que nadie puede ser profeta en su propia tierra.[1] ¿Por qué ocurre eso? Porque Jesús tuvo una vida de carpintero. Pero no significa que en Él no se manifestara la gloria de Dios, a tal punto que la madre, en el primer evento público que tiene, que es la boda, le pide que haga el milagro.[2] La madre ya había observado, sin que se manifestara el ministerio público de Jesús, cuál era su llamado, cuáles eran sus dones, cuál era la gracia que operaba en Él.

Esto quiere decir que uno tiene que aprender a desarrollar la misma intensidad de observación en uno mismo, para poderlo desarrollar en los hijos. Sobre todo, sea honesto.

El otro elemento que es fundamental para encontrar nuestros dones, y nuestra inteligencia, nuestra realización, es aprender a perdonar. Quien no perdona, quien vive amargado, quien vive resentido con la vida, quien culpa al papá que lo abandonó, culpando a la mamá por lo que no hizo, culpando al jefe, culpando a la empresa, y culpando a la sociedad, es una persona que nunca encontrará su lugar. Pero usted encuentra a una persona agradecida y emocionalmente sana, y verá una persona realizada y feliz.

El otro elemento es descubrir la grandeza de servir a los demás, tal y como lo dijo nuestro Señor Jesucristo.[3] Por lo tanto, quien desarrolla un espíritu de servicio y apasionado en lo que hace, encuentra una razón por la cual vivir.

¿Y qué tal escucharnos? Es decir, escuchar o preguntar a las personas más cercanas a nosotros acerca de cuáles son nuestros dones. Porque a veces ellos ven más allá de lo que nosotros vemos. Para preguntar se requiere humildad; nadie puede lograrlo solo. Por ejemplo, Pablo dice que si yo quiero crecer, tengo que exponerme al ejercicio de los dones de los demás.[4] Ese punto es crucial.

Quiere decir que hay partes del camino de mi propia vida que no me serán revelados a mí hasta que yo no tenga la humildad de preguntar a mis líderes, amigos, y compañeros lo que ellos observan. Porque al buscar consejo, traigo luz a mi vida. Así como los hijos tienen que aprender a preguntar a los padres en las áreas del amor, en las áreas de su realización personal y de su llamado, uno tiene que tener la libertad de preguntar: "¿Qué ves?", "¿Qué observas en mí?".

El otro elemento es la perseverancia. Por ejemplo, tengo un amigo que hoy es pastor, y un excelente predicador. Él muchas veces quiso predicar, y en su congregación su pastor le decía: "Sos malo predicando". Era cruel escuchar eso, me decía él, y yo lloraba en silencio en algunas de las reuniones, porque era calificado muy duro. Él dijo: "Pero había dentro de mí un llamado profundo, y decidí estudiar, observar, y aprender". Y creó, intencionalmente, un grupo de matrimonios a los cuales les predicaba. Su objetivo era tener una oportunidad para ejercer el don que sabía que él tenía, pero que no se había manifestado. Han pasado los años, y hoy es un predicador requerido en varios países.

> Nadie dijo que sería fácil encontrarnos a nosotros mismos, pero es nuestra misión en la vida.

Mi amigo hoy es un extraordinario predicador especializado en el tema de matrimonios. Todo nació en un grupo pequeño, con un gran espíritu de lucha, y una perseverancia inagotable.

Por lo tanto, se requieren dos elementos más: desarrollar capacidad de resiliencia, que es la capacidad de levantarnos en medio de la adversidad, y ser perseverantes, que es lo que nos ayuda a descubrirnos a nosotros mismos.

¿Por qué? Porque todos tenemos que luchar contra nuestros complejos y miedos. Si usted me hubiese dicho que uno de los dones que Dios me daría era hablar, yo le hubiese dicho en el colegio que era imposible. A mí no me gustaba hablar en público. Era tímido, desordenado en mis pensamientos. Pero Dios usa lo vil y lo menospreciado.

Declarar Palabra

Me han preguntado muchas veces: "Si un padre no logra ver los dones y talentos de su hijo y no lo impulsa hacia ese destino, ¿puede quebrar la relación entre padre e hijo?". En primer lugar, no siempre veremos muy claro para cuando nuestro hijo un día nos pregunte: "¿Papá, pero qué estudio?", "¿Papá, que hago?". Yo no puedo traer una respuesta a mi hijo; es algo que tengo que impulsar para que él lo descubra. Pero sí puedo afirmarlo, animarlo, guiarlo y escucharlo. Entonces no tenemos que sentir frustración si no vemos claramente; no tenemos que sentir susto. Esta respuesta es algo que él debe descubrir por él mismo, y nosotros aportamos orientación y guía.

Pero una mala actitud hacia mi hijo puede robarle la fe, la confianza y la seguridad que tanto necesita para dar el siguiente paso en su vida. Si yo lo desanimo y le digo: "¿Usted con esas calificaciones, en qué va a tener éxito?", o "¿Usted con esa actitud de fracasado cree que va a tener éxito?", esas palabras van a robarle la fuerza, la fe y el ánimo. Eso quiere decir que si yo no tengo ilusión por descubrir para qué nació mi hijo, por qué mi hijo es como es, cuáles son sus dones, cuál es el llamado y el propósito de Dios para su vida, me será difícil animarlo y afirmarlo. Tengo que tener el deseo de levantarme como uno que anticipa el destino de su hijo, para poder darle una palabra que lo estimule y anime.

Puedo decirle: "Dios dice que serás cabeza y no cola. Dios dice que poseerás lo que toque la planta de tu pie. Dios se revelará a tu vida y le hablará claramente a tu corazón. En algún momento, el Señor pondrá visión en tu alma, y tendrás que aprender a seguir la voz de Dios. Aprende a escuchar la voz de Dios, y te será fácil descubrir tu camino".

Este es el diálogo que debemos tener con nuestros hijos. Enséñele a enfrentar los momentos difíciles, porque todos hemos fracasado en algún momento. Yo tengo que aprender a perseverar en la palabra genérica que está en la Biblia, como una palabra que sostiene a cualquier persona independientemente de la condición en la que vive.

Yo tengo que hablar como Jesús les habló a sus discípulos. ¿Lo entendían todos los discípulos? No. Aun el último día no entendían, e hicieron las preguntas equivocadas. Quiere decir que un padre, igual que Jesús con sus discípulos, no puede rendirse. Tiene que afirmar e impulsar a sus hijos. Tiene que hacer que vean hacia el futuro, y que lo sientan.

Por ejemplo, Jesús les dijo a los discípulos: Ustedes harán mayores cosas que las que yo he hecho. ¡Imagínese! Es Jesús hablando a sus hijos espirituales, haciendo que vean el futuro como Él lo ve, impulsándolos a un nuevo destino en sus vidas, y haciendo que descubran el llamado de sus corazones. Uno tiene que detenerse para explicar a los hijos las cosas que están en el futuro reservadas para ellos, y esto requiere tener diálogos, momentos íntimos donde uno explique lo que Dios dice para ellos y a la vez contarles cómo lo descubrimos nosotros. Tengo que contarles historias de quienes lo han logrado, historias de quienes van adelante. Esto hace la diferencia. Si yo no lo creo para mí, me será difícil hacer que mis hijos lo crean para ellos, pero cuando lo creo para mí, lo vivo para mí, y ellos me han observado, a ellos les será más fácil percibir el camino a seguir.

Diseño divino

Cuando hablamos de ayudar a los hijos a desarrollar sus dones, me refiero a más que el beneficio que eso les puede traer. Nuestra misión como padres se cumple cuando vemos a nuestros hijos desarrollar dones, talentos, y vivir con sentido de misión y propósito. Encontraremos hijos confiando en Dios, viviendo para Dios, apasionados y realizados, en lugar de tener hijos fracasados, apartados de Dios, buscando el camino equivocado y satisfaciendo los deseos de la carne, que llevan a la destrucción y al camino equivocado. Por lo tanto, el mayor beneficio para mí es que yo cumplo mi misión con la vida, que es dejar un legado en la generación que se levanta, impulsándolos a una nueva dimensión que es el cumplimiento del plan de Dios para esa generación.

David lo soñó, David lo diseñó, David ahorró, Salomón construyó.[5] Eso es lo que debemos entender que es nuestra misión; ellos alcanzarán los sueños que nosotros vimos en nuestra mente. Ellos los materializarán. El otro beneficio es que tenemos hijos agradecidos. Hoy yo tengo el honor de ver a mis hijos a mi lado, tengo el privilegio de verlos brillar conforme a los dones, a la gracia y al llamado de Dios para sus vidas. No hay satisfacción más grande que ver eso.

Por ejemplo, el gobierno de Costa Rica me otorgó en el año 2008 el Premio Nacional de Valores. En la ceremonia oficial, podía ver la emoción de mi esposa Helen, de mis hijos, de mi papá y de mis hermanos. Uno de ellos lloraba y me decía: "Sixto, esto es lo que Dios nos dijo hace tantos años que Él haría".

Esa alegría y esa satisfacción de verlo realizado en nuestros hijos es nuestro gozo más grande. Porque una persona tiene gozo cuando da su vida por su amigo, y más por sus hijos. Pero un padre alcanza el gozo pleno cuando ve en sus hijos el fruto de su siembra, y los ve a ellos elegir como personas de bien.

> Un padre alcanza el gozo pleno cuando ve en sus hijos el fruto de su siembra.

El máximo beneficio de que los hijos desarrollen los talentos tiene que ver con el legado que dejamos a la humanidad. Usted puede construir un edificio y pasó. Pero usted deja un legado en la vida de sus hijos, y eso impacta generaciones enteras, familias, y comunidades, porque se constituye en su legado a la humanidad.

Un amigo me dijo que cada hijo es una pintura de color diferente que pone color al mundo. Mejor no pudo haber sido dicho. Así de únicos son los propósitos y los talentos en los hijos. Es muy importante que como padres comprendamos la relevancia que tiene ayudar a nuestros hijos a descubrir su propósito en la vida y los talentos que le caracterizan, porque son como piezas de rompecabezas que se encuentran y calzan perfectamente. Cuando Dios nos hizo en el vientre de nuestra madre, nos hizo únicos y con un llamado específico. Así se lo dijo a Jeremías: *"Antes de formarte en el vientre, ya te había elegido; antes de que nacieras, ya te había apartado; te había nombrado profeta para las naciones".*[6] Cuando Dios le dice que vaya a hablar lo que debe hablar, ir a donde debe ir, hacer lo que debe hacer, le está diciendo también: Y te he dotado con el talento necesario para hacerlo.

Por eso cuando Jeremías se excusa diciendo: *"Soy muy joven"*, el Señor le dice: *"(…) vas a ir adondequiera que yo te envíe, y vas a decir todo lo que yo te ordene"*. Entonces el talento y el llamado, el propósito por el cual mis hijos y yo existimos, están ligados totalmente.

Por ejemplo, ¿pudo pensar Moisés[7] que Dios se equivocó cuando lo mandó a hablar con el faraón? Porque lo envió a eso: Ve y dile al faraón. Es decir, tiene que ir y hablar. Moisés encuentra varias excusas. Uno: ¿Quién me envía? Dios dice: *"Yo soy el que soy"*. ¿Cómo van a creer?, pregunta Moisés. Dios le dice: Tira la vara al suelo. Dios la convierte en serpiente. Moisés vuelve y la toma de la cola, y entonces se convierte en vara. Dios comienza a capacitarlo.

Al final Moisés, después de ver la manifestación de Dios, dice: *"¿Cómo ocurrirá, pues no sé hablar?*. Dios no lo deja, Dios le dice: Te he enviado a Aarón. Ya viene de camino para ir contigo, tú le dirás lo que debe hablar.

> —SEÑOR, *yo nunca me he distinguido por mi facilidad de palabra —objetó Moisés—. Y esto no es algo que haya comenzado ayer ni anteayer, ni hoy que te diriges a este servidor tuyo. Francamente, me cuesta mucho trabajo hablar. —¿Y quién le puso la boca al hombre? —le respondió el* SEÑOR—. *¿Acaso no soy yo, el* SEÑOR, *quien lo hace sordo o mudo, quien le da la vista o se la quita? Anda, ponte en marcha, que yo te ayudaré a hablar y te diré lo que debas decir.*[8]

Lo más importante se da cuando Dios le dice: *"Yo estaré contigo"*. Lo que está diciéndole es: El máximo don que nosotros tenemos para completar esta ecuación perfecta de llamado, misión y talento, es saber que no vamos solos; Dios va con nosotros.

Por lo tanto, nada en nosotros sobra; ni el nombre, ni el apellido, ni el color de piel, ni la inteligencia, ni el déficit de atención, ni las cosas que nos llaman la atención. Ni siquiera aquello que no nos gusta. Es que aun lo que no nos gusta es parte de la ecuación, porque enfoca nuestra vida en aquello que nos llena, nos satisface, nos apasiona, y podemos vivirlo de forma natural.

Quiere decir que la afinidad entre el talento, la habilidad, el don y el propósito se conjugan en el diseño divino. Lo que nos toca a nosotros es descubrirlo, y eso requiere tiempo, capacidad de observación, palabras que afirmen, acompañar y mentorear.

> La afinidad entre el talento, la habilidad, el don y el propósito se conjugan en el diseño divino.

Armemos el rompecabezas

El rompecabezas está diseñado; solamente está en partes, y nos está dado a nosotros el don maravilloso de levantarnos para afirmar, impulsar, y también iluminar el camino de nuestros hijos. Tienen que existir momentos íntimos con Dios donde podamos recibir la gracia, el mensaje, el ánimo, y la palabra oportuna para impulsar a nuestros hijos al destino al cual han sido llamados.

Para facilitarle este proceso como padre le cuento mi experiencia personal.

Primero, he estimulado a mis hijos a desarrollar la curiosidad espiritual para que ellos pregunten a Dios por qué existen, por qué tienen ese llamado en su corazón, cómo lo logran canalizar, y cómo lo pueden desarrollar. Este deseo de buscar a Dios en lo íntimo es lo mejor que nos puede ocurrir. Porque Él lo llena todo.

Número dos, los he animado a que ellos lo descubran en sus propias vidas mientras ejercen sus dones, sirven a los demás, y son sensibles al llamado que palpita en sus corazones.

Tres, les he enseñado a escuchar la voz de Dios. Cuando Dios habló al corazón de Daniel y lo llamó al ministerio, él tuvo una visión en una reunión de adoración. Era una visión tan clara de lo que Dios quería que él hiciera, que decía: "Pero, ¿cómo ocurrirá esto, papi?, ¿Cómo ocurrirá esto?". No significa que siempre vamos a tener estas experiencias, pero son momentos únicos que marcan nuestro destino. Creo que todos debemos ser sensibles para experimentar esos momentos de intimidad que nos confirman el camino que debemos recorrer.

Ahí es donde yo entro para afirmarle y para decirle, número uno: "Lo que Dios te dijo es real"; número dos: "Lo que Dios te dijo se va a cumplir";

número tres: "Tienes que tomar pasos de obediencia y creerle fielmente al Señor". Ahora me toca a mí acompañarlo, mentorearlo, afirmarlo, animarlo, y aconsejarlo, para que él logre descubrir este propósito.

Yo puedo decir que los momentos de crisis que he vivido, se dan cuando he escuchado a personas que tratan de imponerme su propio llamado.

Quiere decir que el llamado y la misión que debemos cumplir son algo personal; no se pueden imponer y no se pueden imitar. Entonces como padre, acompaño, afirmo, instruyo y abro camino para que ellos pasen.

> **El propósito es una inspiración personal que cada uno tiene que aprender a descubrir.**

Sin embargo, hay un propósito generacional. Yo creo que hay un propósito que marca familias, y uno tiene que aprender a pasarlo a la siguiente generación. No se puede imponer, ni manipular el destino de nuestros hijos. Lo que hacemos es ayudar a que ellos desarrollen la sensibilidad espiritual para que lo descubran. Pero definitivamente, los padres anticipamos el destino de nuestros hijos.

Desde que mis hijos están pequeños, los bendigo continuamente. Bendecir es proclamar la Palabra de Dios, y animarles a ver a través de la fe los planes que Dios tiene para sus vidas. Los escucho muchas veces, los afirmo cuando están desanimados, los acompaño cuando se han equivocado, y los instruyo para formar el carácter. Helen y yo invertimos tiempo en caminar al lado de nuestros hijos, y lo hacemos intencionalmente.

Una de las cosas que Dios ha utilizado en la vida de mis hijos es que muchas veces viajamos. Y un día Daniel les contaba a los compañeros de Enfoque a la Familia: "Cuando yo vi el dolor de las familias, me di cuenta para qué yo había nacido". Esto es lo que hizo Jesús con sus discípulos; simplemente estaban juntos, conversaban, observaban, y a su tiempo estaban listos para cumplir la misión. No significa que no tuvieran dudas, preguntas, inquietudes, o que se equivocaran. Significa que un padre muestra el camino y señala el futuro.

Un padre muestra el camino y señala el futuro.

Hoy tenemos posiblemente un 40% o un 50% de hijos que no tienen un padre que los guíe ni los ayude a descubrir su propósito. En primer lugar, nunca se eche a morir; usted tendrá la capacidad de valorarlo doblemente. Dios pondrá padres y madres a su lado que lo guíen, que le inspiren y que lo amen. Y le hará sentir un amor tan grande por ellos, que será mayor que si hubiese tenido a su padre biológico a su lado. Dios nunca nos abandona. Siempre envía ángeles para que nos abracen, nos alimenten, nos animen y nos impulsen.

A pesar del abandono, de la adversidad, de las dudas, de las decepciones y del dolor, usted tiene la capacidad de descubrir su propósito en la vida. No significa que haya un sustituto para los padres. Significa que nunca nos faltará el amor de padres, madres, tíos, pastores y maestros que como ángeles de Dios nos muestran el camino a seguir.

Estuve dando varias conferencias en Rosario, Argentina, y entre las cosas maravillosas que me ocurrieron fue conocer a un pastor con un corazón de padre.

Conocí muchas familias. En algún momento una joven de 20 años me dijo: "Mi papá murió cuando yo era niña". Yo le pregunté: "¿Y dónde has encontrado el abrazo del padre?". Dice: "En mi pastor", y señala a su pastor Daniel Cattaneo. Al señalarlo dijo: "En él". Esa expresión la escuché varias veces de jóvenes que encontraron el amor de un padre, el amor de una persona que les inspira.

Eso quiere decir que en lugar de aislarme porque no tuve un padre que me guiara, en lugar de resentirme porque me abandonó, en lugar de vivir acomplejado porque no lo tengo, tengo que aprender a disfrutar el abrazo de Dios por medio de las personas que están cerca. Porque Dios dice que no dejará desamparado al huérfano, lo hará habitar en familia, y siempre enviará ángeles cerca de nosotros que nos guarden.

Por eso debemos comprender que lo que vamos a vivir es maravilloso. Dios siempre nos dará el ánimo necesario para continuar.

Le animo a que sea un padre, y un hermano mayor para alguien que lo necesite, sea un niño, un joven, o bien un adulto. Porque sin que usted se dé cuenta, alguien más pequeño le admira, y va a buscar sus abrazos. Es el abrazo de una maestra o un maestro en la escuela, en el colegio, o en las clases bíblicas del domingo. Es el abrazo que los amigos de sus hijos llegan buscando en su casa. Muchos de ellos llegan a buscar el único abrazo que van a recibir en el día o en la semana; la palabra de afirmación que necesitan para continuar. Esa palabra, ese amor, ese cariño nos convierte a nosotros en los padres y hermanos mayores adoptivos de los más pequeños. Por eso vivamos este honor y este privilegio de poder abrazar al que no tiene padre, y hacer vivir en familia al que no la tiene.

Siempre en la historia de la humanidad ha sido clave el amor de un tío, un abuelo, de una abuela, los que nos adoptaron, los que siguieron con nosotros cuando nuestros padres emigraron a otros países, los que pagaron el precio, los que estuvieron a nuestro lado.

Quiero animar a quienes han sido amados por padres adoptivos, a que los valoren, que los cuiden, que agradezcan, porque ellos han levantado plataforma para que nosotros estemos donde hoy estamos.

¿Cómo puede encontrar el abrazo del padre, alguien que no cree en Dios? Incluso esa persona que no es creyente tiene que encontrar la fuente de inspiración, y comenzar a ir a los lugares correctos. Por ejemplo, puede elegir ir a un lugar de mala muerte a emborracharse con otros amargados, y quedar atrapado en un viaje de frustración, de odio y de rencor. Puede ir a canalizar su necesidad de ser amado integrándose a una pandilla, a quien convierte en su familia y que lo convierte a él en criminal, y terminar con sus amigos en la cárcel, o heridos y abandonados.

O puede elegir lugares maravillosos donde hay gente extraordinaria que puede inspirarlo y llenar su vida con palabras de ánimo, de fe y de inspiración. Tenemos que elegir sabiamente a nuestros amigos, porque ellos determinan nuestro futuro. El abrazo que necesitamos podría estar en la iglesia, en la escuela, en la comunidad donde vivimos, o en los compañeros de la universidad. Yo siempre recuerdo a los profesores que me marcaron con sus palabras de ánimo, y nunca olvido a mis pastores cuando era un niño. Fueron ellos los que me anunciaron que un día le serviría a Dios.

Escucho historias de maestras y maestros que se convirtieron en la pieza crucial para el destino de un niño o de una niña que sufría violencia o abandono, y que llegaba con ilusión a recibir el abrazo de la mañana.

Si fue abandonado, no tiene que vivir con un sentimiento de dolor. Tiene el derecho de elegir por quién le gustaría ser amado, inspirado y aconsejado.

Así es que búsquelo. Tiene que darse la oportunidad de involucrarse en lugares maravillosos donde haya personas extraordinarias, para poder ser impulsado. No importa la edad que tenga, si necesita un abrazo, una palabra de ánimo o un consejo, búsquelo.

Hay tantas personas maravillosas a nuestro lado, que uno tiene que aprender a dejarse acompañar. Pero nuevamente uno tiene que elegir. O camina como alguien que tiene destino y se deja amar por los que le aman, o vive frustrado y resentido con la sociedad.

La disciplina, el compromiso y la perseverancia desarrollan el potencial que todos tenemos. Amar es el arte de dar lo mejor de nosotros para hacer grande a quien tenemos cerca; la habilidad de descubrir lo bueno en los demás y de apreciarlo.

> Amar es el arte de dar lo mejor de nosotros para hacer grande a quien tenemos cerca.

La vida tiene sentido en tanto existan metas que nos desafíen, sueños que nos apasionen, y retos que nos motiven a caminar. Enfrentar juntos las dificultades nos convierte en un equipo capaz de transformar los desafíos en oportunidades y los sueños en realidad.

Un buen padre es el que conoce los gustos, preferencias, temores, sueños, amigos y retos de sus hijos. Por lo tanto, es una misión que requiere atención, concentración y dedicación. Definitivamente es la aventura más emocionante del mundo.

En las próximas páginas, conversemos lo que podemos hacer para impulsar a nuestros hijos a su grandeza. Yo estoy agradecido con mi papá y mi mamá porque de ellos recibí consejo, ánimo, respaldo, y el amor necesario para desarrollar mi propósito de vida, y alcanzar mis sueños. Me guiaron a Dios, y me dejaron en el mejor lugar: el lugar de la fe, la esperanza y la confianza plena en Dios. Nadie influencia más la vida de un hijo que sus padres.

La afinidad entre el talento, la habilidad, el don, y el llamado y el propósito, se conjugan en el diseño divino.

Descubra sus dones y su propósito:

+ Observe lo que le apasiona.

+ Afine su oído a la voz de Dios.

+ Exprese palabras de ánimo sobre los que ama.

+ Perdone.

+ Cultive un espíritu de servicio.

+ Sea humilde y pregunte a otros lo que observan en usted.

+ Desarrolle perseverancia y un espíritu de lucha.

+ Enfrente la adversidad con valentía.

+ Mantenga intacta su capacidad de asombro.

Nadie influencia más la vida de un hijo que sus padres.

PARTE II

ARMANDO JUNTOS EL ROMPECABEZAS

La relación entre el propósito y los talentos de nuestros hijos es como piezas de rompecabezas que se encuentran y calzan perfectamente. Nos está dado a los padres el don maravilloso de levantarnos como profetas para afirmar, impulsar, iluminar el camino de nuestros hijos, y ayudarlos a alcanzar el diseño divino. —S.P.

PENSAMIENTOS DE ESPERANZA

Mi imaginación es estimulada por mis sueños, mis sueños son esti-
mulados por mi fe, y mi fe está determinada por los pensamientos que
anido en mi corazón.   —S.P.

*¿T*endrá que ver la imaginación con los pensamientos y los sueños? La
imaginación es crucial; todos la tenemos. Es la capacidad de visualizar en
nuestra mente lo que soñamos. Lo que alimenta la imaginación son los
sueños, o bien los temores. Por lo tanto, uno tiene que elegir entre el temor
o lo que soñamos. Los sueños son pensamientos que nos proyectan en el
tiempo, y me imagino que un día serán realidad.

Es lo que nos hace sonreír con ilusión y nos invita a hacer lo correcto. Es
lo que nos impulsa a alejarnos de las personas tóxicas y nos acerca a Dios.
Los sueños nos convierten en personas capaces de perseverar en medio de
la adversidad.

La imaginación es aquello que nos proyecta hacia el futuro. Son los sueños
cumpliéndose en la mente. La imaginación nos hace vivir lo que todavía no
existe. Dios hizo que Abraham[1] saliera de la tienda y comenzara a contar
estrellas, todo con el propósito de estimular su imaginación. ¿Qué tienen
que ver las estrellas con los hijos? Simplemente son figuras comparativas
que despiertan la imaginación en Abraham. Por eso, todos debemos salir
de nuestra tienda (de lo cotidiano) para comenzar a contar estrellas, es decir,

estimular nuestra imaginación en función de lo que Dios nos ha dicho que viviremos en el futuro, lo cual es antesala de lo que vivirán nuestros hijos.

Cuando la imaginación se estimula, la fe crece. Nos proyecta en el tiempo lejano, más allá de nuestra propia existencia. Eso es imaginación. Es pararse frente a una tierra y decir: "Un día será nuestra, un día la heredarán nuestros hijos". La imaginación dice: "Un día mis hijos crecerán y serán personas de bien, los veré florecer, y sobre ellos miraré el cumplimiento de la promesa que Dios me ha hecho. Ellos se levantarán como portadores de la misma promesa." Eso es imaginación.

> ## La imaginación estimula la fe y nos hace vivir con esperanza.

Lo opuesto es el temor, y surge de pensamientos distorsionados. Un pensamiento que alimenta el temor nos dice que terminaremos acabados, derrotados, olvidados, y que seremos infelices y desechados. Eso va a robar nuestras fuerzas, la energía, la creatividad, el ingenio y la iniciativa, porque el temor es la antítesis de la fe y de la esperanza.

Los pensamientos conducen la forma en que actuamos, y la manera en que nos percibimos a nosotros mismos. Pero, sobre todo, los pensamientos son los que impulsan los sueños y los deseos del corazón. Los pensamientos son los que nos dicen si lo que soñamos es posible, porque nos dictan lo que creemos. Por eso, debemos alimentar el pensamiento correcto: el que conduce a la fe, la esperanza y la ilusión.

Por lo tanto, si yo tengo el pensamiento de que puedo lograrlo, lo voy a lograr. No significa que tengo todas las respuestas o que tengo todo bajo control, porque los sueños siempre son cosas imposibles de alcanzar por nosotros mismos, están fuera de la realidad presente, pero estimulan la imaginación y nos hacen depender de Dios.

Los sueños nos proyectan en el tiempo, y nos ayudan a formar el carácter. Todos los sueños que vienen de parte de Dios alimentan la fe, porque nos hacen ver como algo real, cosas imposibles por alcanzar en nuestras propias fuerzas, habilidades o recursos.

Los pensamientos determinan lo que creemos, y lo que creemos impulsa lo que soñamos.

Los sueños son películas imaginarias alimentadas por la fe, las promesas que Dios nos ha dado, y el propósito que sentimos debemos cumplir en la vida. Por lo tanto, el pensamiento correcto alimenta la fe, la confianza en Dios, y anticipa el cumplimiento de los sueños. El pensamiento incorrecto mata cualquier sueño. Por lo tanto, si yo quiero tener sueños que vienen del corazón de Dios, tengo que aprender a escucharlo y alimentar mi mente con el pensamiento correcto. ¿Cómo? A partir de una relación íntima con Dios.

Los pensamientos determinan nuestra conducta, nuestros sentimientos, nuestro presente, y nuestro futuro. A la vez, los pensamientos van a permitirnos interpretar el pasado. Los pensamientos son cruciales en la vida de cualquier ser humano, porque el pensamiento define su identidad y su futuro, mientras le permite interpretar lo que está a su alrededor.

Tenemos que cuidar diligentemente lo que pensamos y lo que alimenta los pensamientos. Un pensamiento erróneo puede hacernos caer en un viaje de angustia, de desesperación. Un pensamiento lleno de esperanza y de ánimo puede renovar nuestras fuerzas, disponernos para la acción, y despertar iniciativa y creatividad.

Nuestras emociones, a su vez, alimentan nuestros pensamientos. La sensación de satisfacción y felicidad que tengo va a despertar pensamientos correctos. Pero la sensación de angustia que tengo va a alimentar pensamientos distorsionados. Cuando el pensamiento dirige las emociones, uno puede actuar más sabiamente.

Elegir los pensamientos

Cuando el salmista dijo: "*¡Alaba, alma mía, al Señor!*"[2], lo que le estaba diciendo a las emociones es: "Ordénense, vamos a esperar y a confiar en Dios. No vamos a caer en la desesperación". Por eso debemos renovar el espíritu de nuestra mente como lo dice La Biblia. Pablo nos lleva más allá cuando nos dice que debemos elegir pensar en lo puro, en lo honesto, si tiene virtud alguna, si hay algo digno de alabanza, en esto pensad.[3]

> ## Una persona sabia actúa con el pensamiento correcto, y domina la emoción.

Quiere decir que los pensamientos yo los elijo, pero también tienen su origen en el pasado. Los pensamientos los alimentan lo que leo, lo que escucho, y las personas con quienes me relaciono. Por lo tanto, tengo que aprender a elegir sabiamente lo que leo, y lo que escucho. Si usted me dice qué lee, qué escucha y quiénes son sus amigos, yo le puedo decir cómo será su futuro.

¿Por qué? Porque es fácil interpretar lo que la persona es, siente y ver cómo se proyecta en el tiempo, a partir de lo que lee, lo que escucha, y lo que ve. Por eso uno tiene que elegir sabiamente lo que lee, lo que escucha y lo que ve.

Los pensamientos en los cuales debo enfocarme son aquellos que están acorde con el código ético que Dios ha implantado en mi corazón y determinan lo correcto; lo que va a producir paz, esperanza, ánimo, fe y gozo. Esto es lo que debemos elegir como nuestro estilo de vida.

No dejemos que los pensamientos negativos nos dominen. No se mandan solos, no nos pertenecen, y no les pertenecemos. Los podemos erradicar con la actitud correcta, y sustituirlos por el pensamiento apropiado; ese que nos llena de ánimo y de confianza en Dios.

Mi sufrimiento aumenta al tener pensamientos distorsionados; esos que emergen del temor, la amargura y el rencor. Aumento mi nivel de felicidad al elegir el pensamiento correcto, a partir de la gratitud, la aceptación, la valoración y el amor. Todos los días nos toca decidir cómo vamos a enfrentar la vida, y cómo nos vemos proyectados en el tiempo.

Yo tengo que entender que todo aquello que me roba la paz, todo aquello que me roba la esperanza, todo aquello que me hace vivir viajes de angustia, de desesperación, de odio, de amargura, y de resentimiento, son pensamientos que debo poner en orden, y pasarlos por el colador del perdón para eliminar la culpa, el deseo de venganza, y recobrar la paz y el gozo.

Yo debo elegir el pensamiento que estimula la fe, el pensamiento que me hace elevar la mirada con esperanza hacia el futuro, el pensamiento que refuerza el concepto correcto de quién soy yo, y el pensamiento que me ayuda a fortalecer los sueños que alimentan mi vida, porque eso va a proyectarme hacia el futuro.

Los pensamientos se vuelven como películas que se viven en la mente. Por eso todo lo que yo escucho, y las palabras que un padre le dice a un niño, son películas que en la imaginación se convierten en realidad. Un ejemplo claro de esto se da cuando Elías enfrenta a los profetas de Baal, y la reina lo amenaza de muerte.[4]

Elías, viendo en su mente la amenaza, corre hacia el desierto, es decir, corre sin rumbo. No ocurrió nada de lo que imaginó, porque era simplemente una amenaza. Pero fue tan fuerte el impacto de estas palabras en Elías, que se deprime tan profundamente que desea la muerte, se siente solo, y pierde toda la energía.

Él acababa de ver la gloria de Dios, la manifestación de Dios, y se le olvidó. ¿Producto de qué? De que le dio lugar al pensamiento incorrecto, el cansancio lo dominó, y el estrés lo venció. Por eso, uno tiene que elegir el pensamiento que fortalece la fe, el que me hace ver el futuro con esperanza, y que me conduce al perdón. Ese es el pensamiento correcto.

¿Es fácil retener el pensamiento correcto? No, porque requiere disciplina para hacerlo crecer. Por lo tanto, debo elegir sabiamente qué es lo que quiero pensar. Voy a pensar en lo puro, en lo honesto, en lo que tiene virtud, en lo que hace crecer mi fe, y en lo que reafirma el gozo y la esperanza. Segundo, debo perseverar en el pensamiento que he elegido. Una de esas experiencias es el encuentro de Jesús con Marta y María.

Ellas le reclaman y le dicen: Maestro, si hubieses estado aquí, mi hermano no hubiese muerto. Ellas sabían que Jesús era capaz de sanar a los enfermos. Él dice: Pero yo estoy aquí, él no ha muerto. Ellas responden: Sí, nosotras sabemos que resucitará el día del juicio. Él insiste: No, yo estoy aquí.[5] Lo que Jesús les estaba diciendo es: Yo soy el dador de la vida. Pero el dolor y la angustia que ellas están viviendo interrumpen la conexión para entender que están frente al dador de la vida.

Esa lucha interna la vamos a tener siempre con nuestras emociones, con los resentimientos del pasado, con las palabras que un día nuestros padres nos dijeron, y que nos marcaron. Ahora Dios dice que somos creación de Él, que somos linaje escogido, que somos príncipes y princesas, y que nacimos para ver el mañana con esperanza. Esos pensamientos van a tener que luchar contra los que se anidaron en algún momento, producto de alguna herida emocional.

Por eso, yo tengo que elegir el pensamiento correcto, el que me produce paz, refuerza la fe, y me hace vivir con esperanza y con ilusión.

¡Huye!

Si hoy su hijo se acercara a usted y le dijera: "Papá, estoy pensando en cosas negativas, y me siento atrapado en ellas", le ofrezco el consejo que le daría a mis hijos Daniel y Esteban.

En primer lugar, tienes que huir de la fuente que alimentó ese pensamiento; no te expongas. Por ejemplo, si fue Internet, si es un amigo, si es una amiga, si es una novia o un novio, aléjate. Si soy yo mismo quien te los provoca, tienes que decírmelo: "Papá, cada vez que me hablas de esta manera, me vienen pensamientos de temor y fracaso". Lo importante es que te alejes de la fuente que estimula el pensamiento equivocado.

Número dos, enséñales a contrarrestar el pensamiento con alabanza. Una de las tendencias que tenemos es guerrear con los pensamientos negativos que tenemos, que muchas veces no vienen de nuestro interior, sino que son *"dardos de fuego del maligno"*, como dice la Biblia.[6] ¿A qué me refiero con esto? A que eso no soy yo, eso no lo pienso normalmente, eso no es lo que yo creo.

¿Y de dónde nace este pensamiento? Es un ataque del enemigo que yo tengo que aprender a enfrentar alabando y confiando en Dios. Puedo definirme a mí mismo de manera correcta cuando comienzo a llenar mi espíritu de los pensamientos que Dios tiene sobre mi vida.

Mis emociones van a sentir temor, angustia, tentación, ansiedad, o lujuria. De repente mis emociones están alteradas porque estoy sintiéndolo, no puedo evitarlo. Simplemente los deseos de la carne están ahí. Esto va a alimentar muchas veces pensamientos equivocados.

Un ejemplo de esto es cuando el ángel aparece a Gedeón[7] y le dice: Varón, esforzado y valiente, ve con esta tu fuerza y libera al pueblo de Israel. Era muy joven, el menor de la casa, de una familia pobre, y tenía miedo por lo que estaba enfrentando su pueblo. Y Gedeón dice: "Yo soy pobre, soy el menor de mi casa", como quien dice: "Mire, yo creo que usted se equivocó". Me emociona el Ángel porque representa la terapia del cielo, y no le dice: "Pobrecito mi pequeño", sino que le dice: *"Varón, esforzado y valiente"*.

Lo que yo tengo que hacer como padre es hacer que mis hijos se vean en el espejo correcto, en el espejo de Dios, y no en mi espejo, ni en la definición del sobrenombre que le pusieron en la escuela o en los resultados académicos, sino que se vea definido por Dios, y no por otros seres humanos.

Cuando no tenemos bien definido nuestro propio valor, somos propensos a seguir los pasos de los demás, y a dejar que otros definan lo que somos y pensamos. Nos dejamos llevar por lo que dicen los demás de nosotros, y hacemos lo que "otros" nos dicen que hagamos, aún cuando esté en contra de nuestros principios y valores. Somos marionetas cuando otros nos manipulan, controlan, influencian negativamente y nos hacen reprimir nuestra verdadera identidad.

Ninguna persona, sean sus padres, hermanos, cónyuge o amigos, tiene el derecho de manipular su vida y controlarla.

> La calidad de vida de una persona la determina la interpretación que tiene de sí mismo.

Retener pensamientos tóxicos trae consecuencias de gran magnitud. Retrasan los planes de Dios, y nos invaden temores que roban la fuerza, la fe y la esperanza. El temor nos paraliza y la angustia trae desesperación.

Pensamientos y vida

Si yo tengo pensamientos de culpa, de vergüenza, de autodestrucción, si creo que no sirvo para nada, que no soy importante, que yo no valgo, como me dijeron en algún momento, eso va a determinar mi calidad de vida. Entonces voy a tender a vivir en rivalidad con los otros, y a competir con los demás. Voy a criticar lo que los demás hacen, y tendré un sentimiento de escasez.

Cuando perdono a quienes me ofendieron, libero mis emociones de la amargura, y me acepto más fácilmente. Es lo que me permite verme como una persona capaz de cumplir grandes cosas, mis fuerzas se renuevan, y recobro el ánimo, la fe y la esperanza.

Hay personas que pueden vivir en un palacio, en bellas casas, ganar miles de dólares, pero su corazón está enfermo, y lastimado. Todo lo reclaman, tienen odio, rencor, resentimiento en sus corazones, y no tienen una buena calidad de vida.

Pero hay personas que con un modesto salario sostienen su familia, y sin embargo, nunca se quejan, aman el trabajo, siempre tienen una sonrisa y una palabra de ánimo para los demás. Son personas alegres, aprovechan cada oportunidad que tienen, y sus fuerzas se multiplican. Usted los observa, y se da cuenta que la calidad de vida que tienen está más llena, más plena y más satisfecha que otras personas que materialmente pueden tener más o que tienen más educación.

Palabras de los padres

La fe crece a partir de los pensamientos que su hijo anida en su mente. ¿Cuál es el papel que juega un padre en instaurar esos pensamientos?

En primer lugar, nadie tiene más autoridad en la vida de un hijo que un padre. Las personas pueden decir cualquier cosa, pero las palabras que nunca se olvidan, las que siempre se recuerdan y las que tienen el valor de verdad absoluta cuando se escuchan, son las palabras de un padre. Por eso, las palabras de un padre definen la identidad de su hijo, afirman la personalidad, y lo proyectan en el tiempo.

> Las palabras de un padre definen la identidad
> de su hijo, afirman la personalidad,
> y lo proyectan en el tiempo.

Si un padre le dice a un hijo que es torpe, que es estúpido, que es tonto o que nunca hará nada bueno en la vida, es lo que él va a creer. Si el padre le dice: "Somos pobres", "Somos incapaces", "No podemos", "Ni siquiera se atreva a intentarlo", "Esta ha sido la historia de la familia", simplemente le corta las alas y le impide soñar.

Pero si un padre le dice, "Lo vas a lograr", "Dios te creó con un propósito", "Dios te dio la inteligencia necesaria", "Dios te proyectó en el tiempo", nada ni nadie lo detendrá, porque es impulsado a soñar cosas grandes, y superar los obstáculos. Puede que los padres sientan que sus hijos no escuchan o que están distraídos. Pero no es cierto. He escuchado a los jóvenes decir: "Mi papá cree que no lo escucho, pero yo lo escucho todo". "Lo que me impulsó fue escuchar las oraciones que en secreto mi mamá y mi papá hacían por mí".

Quiere decir que aun las palabras no dichas, o las palabras que creímos que nuestros hijos no escuchaban, están alimentando la definición de lo que ellos son y cómo se perciben a ellos mismos. Cuando pasan los años todos decimos: "Papi, ¿recordás cuando dijiste esto?", "Mamá, nunca olvido aquel día que me dijiste".

Las palabras de un padre tienen poder creativo en la mente de un niño. Nadie estimula más la imaginación, fortalece la fe, y alimenta los sueños de un niño, que las palabras de un padre, las de una madre, las del abuelo, o la tía que nos crió. Por eso, cada palabra que digamos tiene poder para producir vida o para producir muerte, como lo dice Proverbios 18:21.

> Nadie estimula más la imaginación, fortalece la fe, y alimenta los sueños de un niño, que las palabras de un padre.

Cuando encontramos a un joven que tiene éxito, normalmente hay un adulto interesado en él: alguien que le extendió una mano, lo acogió en casa, lo animó en la crisis, y lo impulsó con palabras de afirmación. Puede ser la abuela que lo crió, los tíos que lo acompañaron, el padre adoptivo que lo amó, o el hogar de acogimiento que lo recibió de niño. Cada vez que usted ve a un joven que le va bien, es porque hay un adulto que ha marcado su vida.

Los pensamientos determinan cómo nos sentimos, cómo nos vemos y cómo vemos el entorno en el que vivimos. Determinan cómo interpretamos el pasado, percibimos el presente, y cómo nos proyectamos al futuro. Los pensamientos iluminan el camino. Por eso, debemos elegirlos sabiamente, porque tienen un impacto emocional profundo en nuestra vida.

Los pensamientos determinan lo que creemos, y lo que creemos impulsa lo que soñamos.

Deje ir los pensamientos incorrectos...

+ Alejándose de la fuente que alimentó ese pensamiento.

+ No exponiéndose a personas que lastiman.

+ Sustituyendo los pensamientos negativos con pensamientos que fortalezcan la fe y la esperanza.

+ Leyendo buena literatura.

+ Buscando consejo.

+ Superando las emociones que producen dolor.

+ Eligiendo sabiamente lo que lee y escucha.

Nadie estimula más la imaginación, fortalece la fe, y alimenta los sueños de un niño, que las palabras de un padre.

INVERSIÓN INTENCIONAL

El tiempo no es un enemigo ni un amigo. El tiempo es un recurso que Dios nos dio para vivirlo a plenitud. El tiempo es algo que no se puede detener ni se puede adelantar. El tiempo se tiene que vivir en el momento presente, e interpretarlo como la plataforma para lo que viene en el futuro. —S.P.

*E*l futuro es consecuencia de las decisiones, de la actitud que yo tomo en el presente, y de la conciencia que tengo sobre cuánto vale el presente. En la vida de nuestros hijos es crucial el tiempo, porque cuando ellos son bebés, dependen de nosotros absolutamente. Tienen que recibir un amor incondicional y ser atendidos en todas sus necesidades, lo cual les va a permitir sentirse aceptados, amados y admirados.

Conforme va pasando el tiempo, nuestra afirmación les va a permitir construir la seguridad necesaria para asumir responsabilidades, y socializar con naturalidad. Los buenos hábitos que han aprendido en casa les permiten aprovechar al máximo las oportunidades. Por lo tanto, el mejor uso que podemos hacer del tiempo es sembrar semillas de esperanza en el corazón de nuestros hijos.

Cuando yo siembro ilusión, alegría y sentido de propósito en mis hijos, despierto en ellos la capacidad de soñar, y la habilidad de aprovechar el presente. Así es que lo mejor que puedo hacer por mis hijos es enseñarles a soñar con un mejor mañana, afirmar su personalidad, acompañarlos, instruirlos, afirmarlos, y estimularlos a creer en Dios.

Pasado, presente, futuro

Cuando Daniel estaba por terminar la secundaria para ir a la universidad, tenía que definir qué carrera estudiar, por lo que comenzamos a llevarlo a diferentes especialistas para que le ayudaran a descubrir su inteligencia dominante, y que él pudiera elegir con mayor propiedad su profesión. Lo llevé a reunirse con diferentes directores de carreras, profesionales exitosos en las carreras que él tenía interés.

Y de repente Daniel dijo: "Papá, ¿por qué no me dio esto antes?, ¿Por qué no tuve antes hambre de querer conocer para qué nací, cuáles son mis dones? Hubiese aprovechado mejor el tiempo".

Cuando Daniel tenía menos edad constantemente le preguntaba sobre lo que deseaba estudiar y él respondía: "No sé, falta mucho tiempo". Bueno, el presente es para tener conciencia de que existo, definir hacia dónde quiero ir, y para soñar con un mañana que me rete a crecer.

> El presente es plataforma para lo que viene en el futuro.

Según dijo Daniel: "¿Por qué no desperté antes a tener hambre de saber qué quería ser yo en el futuro?". Y tenía razón, porque entre más temprano despertemos a tener hambre por conocer la razón por la cual existimos, más intensamente se vive la vida. Por eso, estimule a sus hijos a desear conocer lo que quisieran vivir en el futuro, porque es lo que convierte en extraordinario lo cotidiano. Si no despierto a tiempo, podría llenarme de culpa por lo que no hice, y el pasado solo debe ser fuente de inspiración; no algo que me detenga.

El presente adquiere sentido cuando fui capaz de detenerme para reflexionar, investigar, preguntar, analizar lo que soy, y descubrir lo que me apasiona. Por eso, debo invertir tiempo en enseñar a mis hijos a soñar, y proveerles las herramientas necesarias para que ellos alcancen éxito en el futuro.

Tener un corazón de discípulo y un espíritu educable son dos conceptos fundamentales para potenciar el crecimiento de toda persona. Enseñe a sus hijos a tener hambre por educarse, y a tener un corazón humilde para aprender de los demás. La mejor forma de invertir el tiempo es aprendiendo de los demás, sobre cómo se hacen las cosas, y cómo se hacen bien. Lea un buen libro, conozca historias, vea películas inspiradoras, analice las noticias con sus hijos, escúchelos. Esto es lo que nos ayuda a nosotros a potenciar en nuestros hijos sus sueños. Permítales a sus hijos sentarse a preguntar, enséñeles a escuchar, que conozcan personas interesantes que los desafíen.

Nuestros hijos pueden perder el tiempo viendo cualquier cosa en sus dispositivos electrónicos, o podemos guiarlos, invertir el tiempo en aquello que les proyecte en el tiempo, los inspire, los ayude a conocerse mejor, los acerque a Dios, y les desarrolle el carácter que ellos necesitan para crecer.

No significa que no se diviertan, que no disfruten la vida. Más bien significa transformar el presente en un deleite que alimente los sueños, y les proyecte hacia el futuro. Pero no debe ser una imposición, sino un placer. Para que nuestros hijos utilicen al máximo el tiempo, tienen que vernos a nosotros modelar cómo se invierte el tiempo correctamente. También tiene que haber tiempo para la reflexión, para el análisis, y para escuchar. Esto es lo que les permite tener buen fundamento para crecer.

Yo disfrutaba sentarme a hablar con mi abuelita. Me contaba cómo era mi papá cuando niño, cómo era el pueblo cuando ellos crecían. Yo disfrutaba escuchar a mi abuelita porque me hacía regresar al pasado, y me enseñaba a soñar con el futuro. Ella me hacía ver el presente como lo que era: un tiempo para ser disfrutado y proyectarse hacia el futuro.

Al futuro solo vamos a partir de dos cosas: la fe y la esperanza. Cuando tenemos fe y esperanza, hay ilusión por el futuro. El futuro no se puede adelantar, por lo tanto, no puede llenarme de ansiedad, porque me roba la capacidad de disfrutar el presente. El futuro es para ser fuente de inspiración en el presente.

El futuro es para ser soñado, porque marca el camino que voy a seguir.

Por ejemplo, cuando mis hijos eran preadolescentes, yo comencé a orar por mis nietos, y a bendecirlos. Tanto impactó sus vidas, que un día Esteban entró a la habitación y dijo: "Papi, yo quiero orar contigo". Yo le dije: "Claro, oremos". Él dijo: "¡Señor, bendice los nietos de mi papá!". Y todos nos pusimos a reír porque era maravilloso ver a mi hijo proyectarse en el tiempo. Él estaba viendo cómo yo amaba a mis nietos, pero él todavía no se miraba como papá.

Hoy mis hijos hablan de sus hijos, hablan de los hijos que un día vendrán, y yo amo a mis nietos desde que mis hijos eran preadolescentes. ¿Qué estoy haciendo? Definiendo el camino que deseo recorrer para llegar al futuro que deseo vivir. Si una persona no tiene sueños, no tiene ilusión por el futuro. Puede llegar a cualquier lugar y decir: "¡Qué pereza!" o "¿Por qué llegué aquí?". O puede llegar a un futuro extraño, que es el futuro de otra persona, creyendo que eso era éxito.

Tiempo, familia y trabajo

Tenemos que disfrutar tanto el trabajo como la familia, y mi corazón tiene que estar en ambas cosas. Mi familia tiene que ser mi prioridad; yo nunca puedo alterar eso. Yo trabajo para realizarme como persona, y para traer sustento digno a mi familia. También trabajo para traer progreso a mi país. Son las tres razones por las que trabajo: me realizo como persona en el trabajo, traigo progreso al país, y también proveo sustento para mi familia.

Tengo que separar el tiempo para trabajar apasionadamente. Y cuando voy a la casa, tengo que hacer un proceso de desconexión del trabajo para concentrarme en disfrutar mi familia. Tengo que ponerlo como prioridad.

> Tengo que hacer un proceso de desconexión del trabajo para concentrarme en disfrutar mi familia.

Un día estaba con un ministro de Estado en una reunión, y tenía una reunión en la escuela de mis hijos. La reunión con el ministro se había demorado. En media reunión tuve que retirarme y le dije: "Señor ministro, debo retirarme, mis compañeros van a seguir con usted, porque tengo una reunión con mi familia". Cuando salí de la reunión iba tranquilo. He aprendido que mi familia es mi prioridad. Y el ministro dijo: "Por ese hecho que él acaba de hacer, vamos a aprobar el proyecto. Porque nunca había visto a alguien salir de una reunión con un ministro para atender un tema familiar". Cuando mis compañeros me contaron me emocioné, porque no fue fácil tomar esa decisión.

Llegar a ese nivel me costó mucho, porque yo crecí en una familia de trabajo, y el trabajo era prioridad. Recién casado, mis tiempos en familia o mis vacaciones eran casi como pérdida de tiempo y me generaban culpa, porque había mucho trabajo. Yo tengo que confesar que tuve que trabajar en eso muchos años, pero aprendí a disfrutar mi tiempo en familia. Si usted disfruta el tiempo con su familia, tendrá una mejor calidad de vida.

Usted puede decir a quién ama, y yo le indico cómo en una fórmula muy sencilla. Usted ama a aquellas personas en las que invierte su tiempo, y gasta su dinero. A esas personas ama. Por lo tanto, tenga deleite en invertir tiempo, y en gastar su dinero en su familia. Como he dicho, si usted ama a su familia, le será fácil invertir el tiempo necesario en ellos.

Si usted le pide a Dios que le dé el don de disfrutar su familia, usted lo tendrá como la prioridad más importante. Un día escuché a un profesional decir: "Yo amaba tanto mi trabajo, que tenía hasta una foto de mi jefe en mi casa. Hasta que un día me despidieron del trabajo. Me di cuenta que el trabajo pasa y la familia queda". Por lo tanto, uno tiene que aprender a darle esa prioridad.

Tome medidas preventivas: defina el tiempo que va a trabajar y tenga claro el tiempo que va a invertir en su familia. Aquí voy a hacer una confesión. En algún momento de mi vida, yo tenía vacaciones cuando tuviera tiempo, y siempre la línea se cortaba por la parte más delgada, que era mi familia. Hasta que un día dije: "Mi tiempo de familia tiene que ser puesto de primero en agenda; el resto viene después". No significa que es fácil, pero debe ser un estilo de vida.

> Usted ama a aquellas personas en las que invierte su tiempo, y gasta su dinero.

Por lo tanto, debo tener tiempo diario con mi familia, tiempo semanal con mi familia, tiempo de vacaciones con mi familia, y momentos extraordinarios donde yo pueda estar con ellos en tiempos especiales. Por ejemplo: celebraciones de cumpleaños, aniversarios o eventos significativos para ellos. Cuando yo le doy esta prioridad, todo toma su lugar.

Muchas veces las prioridades las definen otros por nosotros, y vivimos con sentido de culpa cuando esto ocurre. Es decir, otros deciden por nosotros, y nos dicen qué es prioritario. Cada quien va a hablar desde el punto de vista de su prioridad, entonces todos le van a hacer creer que la prioridad es esta y la prioridad es lo otro.

Manejo culpa cuando yo estoy complaciendo a todos. No viva la vida en función de la culpa; viva la vida en función de las prioridades que tiene. Defina claramente sus prioridades. Esto determina quiénes son las personas más importantes para usted. Es con ella que va a construir recuerdos, y en las cuales va a invertir su tiempo.

Los compañeros pasan, el trabajo pasa, la familia queda con nosotros hasta el final. Por esta razón, mi prioridad debe ser llevar a mis hijos a la escuela, hacer las tareas con ellos, ayudarles en sus trabajos, enseñarles buenos hábitos y excelentes costumbres, y enseñarles a amar a Dios. Esta debe ser mi prioridad. ¿Por qué? Porque el trabajo es circunstancial, los compañeros son temporales, pero la familia queda para siempre.

Debo poner mis prioridades en el orden correcto: mi relación con Dios, mi familia, mi realización personal, y luego voy a poner el trabajo y las demás cosas.

> ## Nunca deje que otras personas definan lo que es prioritario en su vida.

Cuando pasen los años, ¿quién quisiera que siga con usted? Hoy yo soy fuerte, tengo energía, soy independiente, pero mañana cuando las fuerzas comiencen extinguirse, los fuertes serán mis hijos. Ellos me tratarán como yo los traté a ellos; con la misma paciencia con la que los eduqué y los amé.

Por lo tanto, tiene que haber conexión emocional, tiene que haber planificación de cómo lo vamos a vivir, y tenemos que haber enseñado las prioridades necesarias para hacerlo. Hoy mi papá tiene 89 años, los hermanos lo atendemos, lo cuidamos, lo amamos, y velamos por sus necesidades, porque él y mamá nos formaron de tal forma que hoy puede disfrutar los cuidados que vive.

Aquello en lo que invierto mi tiempo, es lo que voy a cosechar. Lo que yo alimento es lo que voy a cosechar. Aquello en lo que invierto mi dinero es lo que voy a cosechar. Por lo tanto, tengo que invertir tiempo en mis hijos, en las generaciones que se levantan a partir de nosotros. Por ejemplo, en *Enfoque a la Familia* yo he ayudado a muchas personas a crecer, a encontrar su ministerio, a desarrollarse, y ha sido mi privilegio. Pero hoy tengo el honor de que Daniel y Esteban comparten conmigo este desafío, el reto de servir a Dios en *Enfoque a la Familia*, y Esteban también lo hace como un pastor. Cuando yo los veo, me doy cuenta que es el fruto de la siembra que hicimos desde antes de que ellos nacieran.

Antes de que mis hijos nacieran, ya había un propósito en mi vida y por lo tanto, una prioridad. Los hijos vienen a cosechar el fruto de lo que hemos sembrado en el matrimonio. Desde pequeños ellos fueron criados con el propósito que Dios nos dio. Ellos fueron formados escuchándonos decir que nacieron con un propósito, y para servir a los demás.

Mis hijos me han visto trabajar incansablemente, pero nunca se pelearon con lo que hago. Ellos aman lo que yo hago, porque Helen protegió sus corazones, enseñándoles que lo hacemos todos como familia. Por lo tanto, siempre hable bien del trabajo con sus hijos, haga que ellos anhelen trabajar, estudiar, crecer y aportar voluntariamente al desarrollo de los demás.

Cuando nuestros hijos nos ven vivir con las prioridades en orden, les será más fácil hacerlo cuando crecen. Porque hay tiempo para trabajar, tiempo para vivir en familia, tiempo para soñar, y tiempo para divertirse.

> **Cuando pasen los años, yo cosecharé aquello
> en lo que invertí mi tiempo y mi dinero.**

La familia es importante porque provee identidad, seguridad y confianza, y es el ambiente en donde se transmiten valores, hábitos y costumbres. La familia es trascendental en la vida de todas las personas porque es la principal constructora de recuerdos. Es en casa donde los niños aprenden a socializar, y a desarrollar la fortaleza emocional necesaria para crecer. Sin embargo, esto es un proceso que se logra al interactuar con ellos, afirmándoles y construyendo recuerdos valiosos y significativos.

Por esta razón, todos debemos pasar tiempo con los nuestros, porque con los años, son los recuerdos compartidos los que nos permiten establecer un vínculo afectivo que sea tan fuerte que perdure con el tiempo.

Tiempo de prioridad

Pasar tiempo de calidad con la familia es tan importante que debemos ponerlo en la agenda como una prioridad. Todos en casa debiéramos saber que ese día estaremos juntos. Al darle esta prioridad, estamos diciendo al resto de la familia que son muy importantes para nosotros. Debo confesar que muchas veces pretendía estar con mi familia cuando "tuviera tiempo libre", y eso no ocurría, porque siempre tenía cosas para hacer. Por esta razón, ahora pongo en mi agenda los tiempos que comparto con mi familia. Defina el tiempo que pasará con su familia, y otórguele una alta prioridad a este compromiso. Su familia lo valora.

1. Aproveche cada momento que pueda para dialogar y compartir experiencias: cuando van en el auto rumbo al colegio, cuando esperan una cita con el médico, cuando están haciendo cosas en la casa, o cuando estemos compartiendo una comida. La meta es aprovechar cada momento que tengamos para comunicarnos y estar juntos. No tenemos que esperar a tener días o semanas completas. Muchas veces son esos momentos cotidianos los que hacen la diferencia.

2. Separe en su agenda fechas importantes: cumpleaños, aniversario, día de los enamorados, graduaciones, presentaciones artísticas o deportivas, porque hay fechas que son para estar presente y recordarlas siempre.

3. Programen realizar en familia por lo menos una de las comidas del día. Esto permite que nos encontremos, dialogar sobre lo que estamos

viviendo y, a la vez, nos conectamos unos y otros. Varios estudios han revelado que las familias que comen juntas tienen mejores niveles de salud física, comen más saludablemente, y los niños poseen un mejor rendimiento académico.

4. Cuando esté con su familia concéntrese en ellos: observe sus gestos, escuche con atención, reaccione a sus comentarios, y haga preguntas. Con esto les dice que son importantes para usted.

5. Es crucial que en esos momentos de familia apague el celular, o no responda llamadas. Cuando su familia observa esto, sabe que ocupa un lugar de importancia en su vida. Hoy tenemos muchos distractores que nos conectan con los que están lejos, pero nos alejan de los que tenemos cerca.

6. Promuevan tradiciones familiares. Esto les permite crear recuerdos importantes. Tengo unos amigos que tienen por tradición familiar armar juntos el árbol de Navidad. Otros amigos toman una semana en julio para ir de vacaciones, y toda la familia lo espera. Cuando pasan los años, los recuerdos más valiosos son los eventos que se convirtieron en una tradición familiar. Por eso, la familia debe tener tradiciones que les una, les divierta y les ayude a construir recuerdos.

7. Busquen pasatiempos para entretenerse. Cuando nuestros hijos estaban pequeños y salíamos de vacaciones, no podían faltar los juegos de mesa. Era una tradición sentarnos a jugar diferentes juegos que nos permitían reír y pasarla bien. Hoy nuestros hijos han crecido, y recordamos esos momentos en los que nos divertíamos.

8. Cada familia tiene su estilo y su personalidad. Busquen actividades que los representen. Para una familia, ver una película es un excelente tiempo de calidad; para otra, es hacer juntos el jardín o salir a caminar. También podría ser que una familia disfrute leer juntos un buen libro, o conversar mientras toman un café. Si todos en casa tienen claro qué es lo que les gusta hacer como familia, lo van a disfrutar más.

9. Programen las vacaciones familiares, y también tengan mini-vacaciones durante el año. Las vacaciones familiares deben ser una tradición, y será una ventaja programarlas en fechas específicas, porque permite

que todos las esperen y las definan en sus agendas. Promueva que la familia participe en la planeación de las mismas, y que todos compartan las responsabilidades previas y durante las vacaciones.

10. Las mini-vacaciones son fines de semana largos, donde nos vamos fuera de casa a un lugar para descansar, porque la idea es cambiar la rutina y retirarnos para pasar tiempo en familia.

11. Cuando estén todos en casa, pasen noches especiales, simplemente para ver una película donde todos estemos en pijamas, o nos sentemos en la sala a armar un rompecabezas; o simplemente acostarnos en una sola cama para hablar, tomar fotos, o hacer videos chistosos, todo como un pretexto para estar juntos.

Para pasar tiempo de calidad con nuestros hijos, debemos aprender a vivirlo en libertad y sin culpa. Por ejemplo, si tenemos que trabajar fuera de casa y creemos que esto nos roba el tiempo que podemos pasar con nuestra familia, va a generarnos culpa o frustración. Debemos aprender a organizar el tiempo que tenemos, sin compararnos y sin sentirnos culpables. Lo que sí debemos hacer es dar nuestro mejor esfuerzo cuando estemos con nuestra familia.

Debemos tener presente que conforme nuestros hijos crecen, los gustos y preferencias van a ir cambiando. No tengamos temor a las transformaciones que puedan darse en las tradiciones familiares conforme nuestros hijos vayan creciendo. Cada familia vive etapas y momentos diferentes, y sus gustos pueden ir evolucionando con el tiempo. Por eso, pregunte a sus hijos qué les gustaría que hagan juntos. Sus respuestas podrían sorprenderle.

> ## Cuando esté con su familia concéntrese en ellos.

Cada hijo es único, y tiene diferentes formas de expresar y recibir amor, por lo que es bueno que pasemos tiempo a solas con cada uno de ellos. Uno de sus hijos podría disfrutar pasear al perro con usted; otro podría disfrutar más una salida a cenar, o que le acompañe a ver su deporte favorito. Cuando atendemos a nuestros hijos en forma particular, estamos reforzando el vínculo que tenemos, y fortalecemos su amor propio.

Invite a los amigos de sus hijos a venir a casa. Es algo que ellos apreciarán, y usted podrá conocer quiénes son los amigos de sus hijos. Siempre recuerdo que mis amigos se sentían bien cuando venían a casa, y mi mamá los invitaba a comer. Para algunos de ellos, mamá y papá llegaron a significar mucho porque se sentían amados y esto me hacía muy feliz, ya que era como si mis dos mundos se unieran.

Informe a sus hijos cuando tenga temporadas de mucho trabajo. Si lo hace con anticipación y pide su comprensión, ellos le van a respaldar y, a la vez, se van a identificar con su trabajo.

Invertir tiempo de calidad en nuestra familia tiene beneficios para todos, nos ayuda a fortalecer el vínculo que tenemos, mejora nuestra comunicación, potencia el desarrollo intelectual y emocional de nuestros hijos, y nos sentimos beneficiados porque nos ayuda a disminuir el nivel de estrés.

La familia, a través de la construcción de recuerdos, puede dejar un legado de historias y lecciones de vida que perdurarán en el tiempo. A la vez son estos recuerdos los que potencian a nuestros hijos en el viaje al éxito. Lo que parece rutinario, y muchas veces exige energía, recurso, tiempo y dedicación, se convierte en aquello que se recuerda, y nos enseña cómo se hacen las cosas.

El mejor uso que podemos hacer del tiempo es sembrar semillas de esperanza en el corazón de nuestros hijos.

De padre a padre:

+ Defina el tiempo que pasará con su familia, y otórguele una alta prioridad a este compromiso.

+ Aproveche cada momento para compartir experiencias.

+ Pregunte a sus hijos qué les gustaría que hagan juntos.

+ Pase tiempo a solas con cada uno de sus hijos.

+ Invite a su casa a los amigos de sus hijos.

+ Informe a sus hijos cuando tenga temporadas de mucho trabajo.

* Cuando estén todos en casa, planeen noches especiales de entretenimiento.

* Programen vacaciones familiares y mini-vacaciones.

* Compartan algún pasatiempo.

* Promuevan tradiciones familiares.

* Cuando esté con su familia, concéntrese en ellos. No responda el celular.

* Tengan en familia al menos una comida al día.

* Separe con antelación las fechas importantes: cumpleaños, aniversarios, presentaciones, actividades deportivas, etc.

Cuando pasen los años, yo cosecharé aquello en lo que invertí mi tiempo y mi dinero.

5

AMOR MEMORABLE

Amar incondicionalmente es lo que nos hace pensar una y otra vez en el aprecio que tenemos por el otro, en los recuerdos que nos acercan, y en los sueños que nos faltan por cumplir. Quien ama, deja recuerdos agradables, sonrisas que se aprecian, palabras que no se olvidan, y abrazos que animan. Amor es... llegar juntos al final del camino, sonreír mientras avanzamos, y disculpar los errores cometidos. —S.P.

Recuerdos agradables

*D*aniel, en algún momento cuando era adolescente, me decía: "Papá, vamos a comer". La mayoría de las veces lo hacíamos, pero en algunos momentos estaba cansado. Hasta que un día me di cuenta que él, cuando me invitaba a comer, lo que me estaba diciendo era: "Vamos a hablar". A partir de ese día, nunca más volví a rechazar una invitación de mi hijo a comer.

¿Por qué? Porque cuando él quería hablar, él quería que nos sentáramos a comer alrededor de algo que le gustaba a él, y era un tiempo para marcar su historia; por eso es clave tener esos momentos significativos. ¿Cómo dejamos recuerdos agradables? Siendo constantes en construir hábitos o tradiciones familiares. Yo nunca olvido que en el verano íbamos a la playa, y también en el campo donde vivíamos, íbamos al río.

Nunca olvido esos momentos, pero tampoco olvido que siendo yo un niño, los domingos nos alistábamos, íbamos a la iglesia, y luego había un almuerzo familiar que lo preparaba mi papá. Bueno, esas son tradiciones que dejan recuerdos agradables. Por eso, si queremos dejar recuerdos significativos, hay que tener tradiciones familiares: cosas que se repitan periódicamente, de tal manera que vayan generando recuerdos agradables en la vida de nuestros hijos.

> El amor es lo que deja recuerdos que nos inspiran con el paso del tiempo.

La única forma de dejar recuerdos agradables en la vida de nuestros hijos es invirtiendo tiempo en ellos. Si no hay inversión de tiempo, es imposible dejar recuerdos. Ese tiempo para conversar, caminar al lado de ellos, enseñar valores, contar historias, reír juntos, recordar de dónde venimos, y de dónde Dios nos ha traído, son fundamentales para valorar la historia familiar. Es lo que hace grande a la familia, y nos permite construir juntos el código ético que va a regir nuestro destino.

Tenemos que invertir tiempo intencional en nuestra familia. Intencionalmente vamos a dejar recuerdos en la vida de nuestros hijos. Por lo tanto, debemos decidir qué recuerdos serán memorables para ellos. Por ejemplo, el día que les pedí perdón, el día que me disculpé por los errores cometidos, el día en que me detuve para dialogar con ellos sobre una experiencia en particular.

Mi papá, cuando yo tenía 14 años, nos sentó y nos dijo: "Hoy intentaron sobornarme". Cuando yo escuché eso de mi papá, nosotros nos asustamos. Dijimos: "¿Qué es eso?", y él dijo: "Bueno, intentaron darme un dinero para que yo beneficiara a alguien en mi trabajo". Y añadió: "Pero decidí que no aceptaría, porque ese dinero no se disfruta, sino que lo hace a uno esclavo de alguien más. El dinero que se disfruta es el que es producto del trabajo honesto".

Yo nunca olvido la experiencia, porque crecimos alrededor de una pequeña empresa donde trabajábamos toda la familia, y aprendimos el valor del trabajo honesto al lado de papá y mamá. Esa experiencia nunca la olvidé. Intencionalmente debemos dejar lecciones de vida que nunca se olviden.

Por esta razón, tome tiempo para dialogar, reflexionar y analizar experiencias significativas con sus hijos.

Para dejar recuerdos agradables, también tenemos que aprender a manejar nuestro carácter. En una ocasión mi papá y yo nos encontramos, y estaba con unos amigos. Mi papá me abrazó y me besó la mejilla, y una amiga se extrañó y dice: "¿Cómo su papá le besa la mejilla?".

Yo le dije: "Claro, es lo que hacemos siempre". A ella se le asomaron unas lágrimas y dijo: "Yo nunca he visto a mi papá hacer eso, es más, cuando escuchamos que su auto llega a casa, todos entran a su habitación, porque le tenemos miedo". Y bajó su rostro.

Cuando escuché eso, me dio un dolor profundo. Ese día me di cuenta que uno de los recuerdos más agradables que podemos vivir es ver a nuestros padres controlar sus momentos de enojo para no caer en reacciones que lastimen. Tenemos que construir un ambiente de paz y de tranquilidad, donde prevalezcan el afecto, el diálogo, la aceptación y la comprensión.

Por ejemplo, Esteban me escribió el otro día, y me decía: "Papi, yo nunca olvido cuando íbamos para el colegio, y siempre en el auto bendecías mi vida, ponías tus manos sobre mi pecho, y me bendecías. Papi, yo nunca voy a olvidar eso, y yo voy a hacer eso con mis hijos". Hay cosas que hacemos y sin darnos cuenta impactan a nuestros hijos a tal punto que un día lo repetirán en sus hogares.

Por eso es bueno que nosotros les preguntemos a nuestros hijos: "¿Qué te gusta que yo haga?". Pero igualmente seamos intencionales al hacer las cosas.

Sonrisas que se aprecian

De nuestra convivencia en casa, tenemos que aprender a obtener sonrisas que se aprecian. Por ejemplo, ella es Victoria; en aquel momento tenía cuatro años. La mamá la había bañado, y estaba feliz y sonriente. La mira y le dice: "Mami, quiero darte gracias porque eres la mamá más linda del mundo". Y su mamá le dice: "¿Por qué quieres darme gracias, por ser la mamá más linda del mundo?". Y la niña responde: "Porque tú me bañas, porque tú me cuidas, porque tú me proteges. Por eso quiero darte gracias". Son esos momentos los que se quedan en nosotros como el tesoro más preciado. Si usted solo da órdenes, si solo regaña como padre, eso no arranca ninguna sonrisa.

Tenemos que aprender a tener una actitud que provoque una convivencia agradable, lo cual nos permita tener sonrisas que se aprecian. Sonría con su familia. Las investigaciones dicen que el 80% de la comunicación entre los padres, las madres y los hijos está dirigida a dar órdenes y a regañar.

Esto significa que también debemos expresar afecto, y decir un "Te amo", contar un buen chiste, recordar anécdotas y esos momentos especiales que como familia hemos vivido. Por eso es necesario que para obtener sonrisas que se aprecian, tenemos que invertir tiempo en escuchar, y disponernos a disfrutar el momento.

Uno de los juegos favoritos de mis hijos es el fútbol, y en el fútbol, ellos disfrutan cada momento. Cuando llegaban de la escuela y habían tenido tiempo de deporte, Daniel o Esteban comenzaba a contar lo que habían vivido, y aquello parecía una película en cámara lenta. La sonrisa de sus labios iluminaba el rostro contando cómo hizo el gol; y nosotros disfrutábamos el diálogo.

El otro momento que yo recuerdo es cuando Daniel, en su adolescencia, peleó *kickboxing*. Aquel día nos dijo: "Papá, esta es la pelea estelar; a mí me gustaría que estén". El lugar estaba lleno de aficionados. Cuando nosotros entramos, la pelea no había comenzado, y nos sentaron en una silla especial.

De vez en cuando él, en el *ring*, nos volvía a ver, y nos escuchaba aplaudiendo, animándolo, y pronunciando su nombre. Un día él nos escribió algo a Helen y a mí: "Podía haber 10.000 personas en el gimnasio, pero entre todos los buscaba a ustedes. Y lo que más me ha animado era escuchar los gritos que ustedes pegaban estimulándome".

Esa sonrisa que él tenía no se cambiaba por nada. A todos les contó que ese día fuimos a verlo pelear *kickboxing*. Esos son momentos únicos que no regresan; solo se viven una vez. Por eso, celebre los éxitos con sus hijos, acompáñelos en los momentos significativos para ellos, permítales disfrutar su compañía, y nunca lo olvidarán. Pueden haber 10.000 o 20.000

personas en aquel estadio, pero ellos buscarán, para iluminar su rostro, a los que más aman, a sus padres.

En conclusión, una sonrisa que se aprecia viene del padre que observa las cosas que les gustan a sus hijos. Tenemos que desarrollar la capacidad de observar lo que a ellos les gusta. Si uno no se detiene, solamente estará ocupado haciendo dinero para traerle cosas a los hijos, y el secreto es detenerse para contemplar la sonrisa del niño, la gracia del bebé que crece, la presentación artística de su hija, y el discurso que dio en la graduación. Esos momentos son mágicos y son únicos.

> Una sonrisa que se aprecia viene del padre que observa las cosas que les gustan a sus hijos.

Por eso uno tiene que aprender a detenerse para apreciar. Podríamos estar en casa y no observar; podríamos estar en casa y no contemplar. Tenemos que detenernos para reír con nuestros hijos, tener consciencia de que estoy ahí, y pedirle a Dios que me dé la capacidad de disfrutar lo que estoy viviendo. Esto es lo que genera recuerdos agradables, sonrisas que con el tiempo se convierten en fuente de energía. Cuando nuestros hijos crecen, y se convierten en personas fuertes, valientes, decididas, tendremos la satisfacción de la misión cumplida.

Cuando un niño tiene un adulto que se preocupa por él, lo atiende, lo acompaña, lo anima, y lo aconseja, al crecer lo tendrá todo para triunfar, y un día lo va a agradecer.

Palabras que no se olvidan

En todo esto, aunque lo hablo en detalle más adelante, están incluidas las palabras que no se olvidan. Lo más fácil es decir palabras que recordarán siempre cuando uno habla en un momento de ira, pero ¿cómo expresamos palabras que no se olvidan en el lado positivo?

En primer lugar, tengamos presente el valor que tienen las palabras; como dice Proverbios,[1] producen vida o muerte, y yo tengo que elegir. Tristemente, las palabras negativas son las que más se recuerdan. Si usted pone en una balanza un 90% de palabras positivas y un 10% de comentarios negativos, cuando pasen los años ese 10% pesará mucho, y lo van a recordar.

Eso quiere decir que las palabras de estímulo, de aceptación, de admiración y de reconocimiento por mis hijos, les harán muy bien, pero deben repetirse constantemente para que superen las ocasiones donde los vamos a lastimar por una palabra producto del enojo, la ira, o la frustración. Por lo tanto, bendiga todos los días, y pida perdón cuando se equivoque.

Dios instruyó a Moisés diciéndole: Diles a Aarón y a sus hijos que impartan la bendición a los israelitas con estas palabras:

"El Señor te bendiga
y te guarde;
el Señor te mire con agrado
y te extienda su amor;
el Señor te muestre su favor
y te conceda la paz".[2]

Estas palabras deben repetirse siempre; cuando se levanten, cuando se acuesten, cuando estén en la mesa, cuando anden por el camino. Quiere decir que las palabras que animan, que estimulan, fortalecen, hacen sentir bien al hijo y definen su identidad, tienen que decirse constantemente.

El otro día mi hijo, Esteban, predicaba y decía: "Cuando yo era niño, mi papá nos cantaba". Yo no canto, pero les decía frases que definían su identidad, su personalidad; anunciaban su futuro a través de cantos. Yo comenzaba a cantar con ellos diciéndoles: "Yo tengo un principi--", y ellos terminaban la frase. "Es inteligen--", ellos terminaban la oración. "Él es obedien--", y terminaban. "Es un buen herma--" y terminaban.

Eso los hacía reír mucho, pero sin que se dieran cuenta estaba marcando su personalidad. Lo hacía intencionalmente, porque estaba sembrando semillas que quería que recordaran siempre. Estas son palabras que no se olvidan. Por lo tanto, puedo escribirlas, puedo grabarlas, puedo hacer canciones, puedo decírselas todos los días. Pero debo comprender que no debe ocurrir en un momento especial nada más, ni en una ocasión en la iglesia, ni en un momento donde celebramos cumpleaños, sino que debe ser una constante de todos los días.

> Las palabras que no se olvidan son las que hablan bien de mí, refuerzan mi futuro, me ayudan a definir personalidad, me permiten compensar mis debilidades, y me enseñan a librarme de la culpa.

Por lo tanto, nuestros hijos necesitan escucharnos decir: "Te bendigo", "Vas bien", "Lo vas a lograr", "Me siento orgulloso de ser tu padre", "Es un honor ser tu padre". "Mi amor, yo quiero decirte que vales mucho, que Dios te envió a este mundo para hacer cosas buenas; será significativa tu existencia". "Dios te ha dado todo lo necesario para que brilles, y en todo lugar donde llegues, la gracia de Dios estará a tu lado". "Habrá ángeles siempre cerca de ti que te guarden; Dios ha bendecido tus manos, tus pies, tu mirada, lo que piensas, y adonde quiera que vayas serán de bendición para los que te rodeen."

Cuando adquiero la disciplina de bendecir a mis hijos todos los días, voy marcando su carácter, les ayudo a definir una imagen correcta de ellos mismos porque lo fundamento en verdades bíblicas, y les animo a tener esperanza en el mañana.

Enfriar emociones alteradas

La mayoría de los padres que agreden a los hijos lo hacen cuando están en un momento del enojo, de ira, o de frustración. Para no decir palabras que lastimen tenemos que enfriar las emociones alteradas.

Un día estoy hablando sobre disciplina positiva, y dije: "Usted no puede disciplinar a un hijo con enojo o con cólera". Un papá levantó la mano, y dijo: "Entonces no lo disciplino. Es que si yo pierdo el momento emocional, no lo hago". Yo le dije: "Quiero decirle que cada vez que usted reacciona dependiendo de las emociones negativas, usted va a agredir, sea de palabras o de hechos". Entonces, yo nunca puedo reaccionar, corregir, disciplinar o tratar de instruir bajo el efecto de la ira, del enojo, de la frustración o del resentimiento, porque voy a lastimar.

Debo enfriar las emociones, debo ordenar mis ideas, debo aclarar la intención que tengo al comunicarme, y siempre debo comunicarme en términos positivos aunque esté corrigiendo. Esto es crucial, porque si yo aprendo a hacerlo de esta manera, algo extraordinario ocurre en el ambiente de la casa.

En segundo lugar, si en algún momento he corregido a mis hijos por algo que han hecho mal, y ellos experimentan un cambio de actitud y me buscan afectivamente después porque están arrepentidos, ahí yo tengo que darme la oportunidad de recibirlos, afirmarlos y de abrazarlos.

En una ocasión cuando Daniel tenía como cinco años, era un domingo, algo no había hecho bien, y yo lo había corregido. Llegamos a la iglesia, yo llevaba una camisa que se arrugaba mucho, y en eso él se me acerca, me mira, y me extiende los brazos. Yo sabía que tenía que pasar en pocos minutos a predicar. Si yo lo abrazaba, mi camisa se iba a arrugar. Ese día tuve que elegir, y doy gracias a Dios que decidí por Daniel antes que por mi camisa.

Lo abracé fuerte, bendije su vida, le dije palabras para afirmarlo, y le dije cuánto yo lo amaba. Nunca olvido ese momento. Su llanto fue positivo. Me decía: "Papá, te amo, perdón por lo que hice". Eso yo jamás lo podré olvidar. Ese día tuve que elegir entre mi camisa arrugada, o palabras que edificaran y un abrazo que no se olvida.

Hay momentos donde lo más importante para no herir es enfriar las emociones, nunca hablar enojado, y mucho menos con ira. Si yo reacciono impulsivamente, voy a lastimar. Por eso debo enfriar mis emociones, esperar el momento oportuno, y utilizar las palabras correctas.

Con frecuencia me preguntan qué se hace para enfriar las emociones. Uno, alejarse. Dos, hacer silencio. Tres, reflexionar. Tengo que comprender que el pensamiento que estoy teniendo es un pensamiento distorsionado por emociones alteradas. Cuando uno tiene las emociones alteradas producto del enojo, el resentimiento o la ira, uno va a tener pensamientos que están distorsionados. Si yo soy consciente que esos pensamientos que tengo están distorsionados, voy a enfriar mis emociones intencionalmente.

Tome el tiempo necesario para que pueda procesar bien lo que está sintiendo. Entonces aléjese, tome un tiempo fuera. Haga silencio, no diga nada, no se justifique, no argumente, espere a enfriar las emociones y a ordenar sus pensamientos. Cuando sienta que la idea esté clara y que están controladas las emociones, es el momento de dialogar. Esto mismo que estoy aplicando para mi vida, tengo que generarlo para con mis hijos y con mi cónyuge.

¿Por qué? Porque hay momentos donde mis hijos no están en una posición de escuchar, y no están en una posición de hablar. Entonces tengo que ayudarles a tomar tiempo fuera, ayudarles a interpretar sus emociones, haciéndoles entender que mi pensamiento está teniendo ideas alteradas producto de mis emociones alteradas. Cuando mis hijos y yo hemos recuperado la calma, tenemos un pensamiento razonable, normal y me siento tranquilo, es tiempo de hablar.

Abrazos que animan

Muchas veces hablo de "los abrazos que animan". Los abrazos que animan son aquellos que vienen espontáneamente, aquellos abrazos sinceros, aquellos abrazos que duran un poco más allá de algunos segundos; esos abrazos son abrazos que animan. Los abrazos que animan son los que vienen acompañados de palabras de afirmación. Los abrazos que animan son aquellos que vienen con identificación por el dolor que se está experimentando.

> Los abrazos que animan son los que vienen acompañados de palabras de afirmación.

Aún recuerdo cuando Daniel se enamoró siendo un adolescente. Estaba tan ilusionado, tan lleno de sentimientos nobles y buenos hacia esa joven. Pero a los pocos meses experimentó su primera decepción en el amor, y lo hermoso que él sentía, de repente ya no estaba en la otra persona. Y ahora necesitaba nuestro abrazo. Él dijo: "¿Puedo dormir con ustedes esta noche?". "Claro". Esa noche durmió con nosotros, lo abrazamos, lo estrechamos en medio de nosotros, y fue especial saber que estuvimos cerca cuando nos necesitó.

Esos abrazos animan. En algunos momentos cuando nuestros hijos iban creciendo y habían visto alguna película que les producía miedo, en la noche uno sentía que venían suavemente, se metían a la cama, no querían despertarnos, pero yo me daba cuenta que estaban ahí. Y les decía: "Venga, venga cerca de mí, yo también he tenido miedo muchas veces". Y los abrazaba, los estrechaba contra mi pecho, comenzaba a orar y a bendecirlos, y nos dormíamos juntos.

Esos abrazos no juzgan, no condenan, son abrazos que no dicen: "Te lo dije", "Usted se lo merece". Los abrazos que animan son los abrazos que me ayudan a llorar, a ser yo mismo, a interpretar mis sentimientos, a expresar lo que vivo. Esos son los abrazos que animan. Por lo tanto, tienen que ser espontáneos, pueden ocurrir en cualquier momento, y tienen que ser frecuentes. Tenemos que aprender a darlos siempre. Esos son los abrazos que animan y se recuerdan siempre.

Por eso nunca acompañe un abrazo con una palabra de juicio o de condenación. El abrazo que anima es el que viene acompañado con una palabra de ánimo, y que viene de un corazón que se está identificando con el dolor o la alegría que mi hijo está experimentando.

El amor incondicional

El amor incondicional se expresa y se lleva a la práctica cuando yo amo a pesar de una mala calificación. Muchas veces uno siente decepción cuando ha dado todo por el hijo, y el hijo no corresponde como debe. Pero ahí nuestro amor tiene que ser incondicional. El amor incondicional se da cuando a pesar del error que ha cometido y que debe ser corregido, yo le expreso mi amor. Hay momentos donde nuestros hijos nos van a fallar, y es una gran oportunidad para que sepan que son amados incondicionalmente.

Por ejemplo, el hijo pródigo[3] que se va y malgasta la herencia, el padre lo ama a tal punto que lo perdona antes de que regrese. Por eso, cuando regresa, no le pregunta en qué lo gastó, no le reclama que fue malagradecido; simplemente lo abraza, lo viste, lo calza, le devuelve el anillo de la familia, y hace fiesta. Ese es un amor incondicional; el que no argumenta, el que no cuestiona.

Cuando Daniel tenía unos 16 años, terminando la secundaria, vivía esas fiestas de fin de año con sus compañeros y sus amigos, donde uno se debate si debe darle el permiso de ir o no. Esta era una fiesta donde le dije: "Puedes ir, pero yo te busco a la 1:00 de la madrugada". "Pero, papá, ¿por qué no hasta la mañana, como todos los compañeros?". Pero al fin, negociamos que fuera hasta la 1:00 am cuando yo lo iría a buscar.

Unos cinco minutos antes de la 1:00 AM, mi teléfono suena, y me dice: "Papi, tiene que venir ya, la policía está aquí, ha rodeado el lugar. Nadie puede salir y nadie puede entrar hasta que los papás vengan, porque han encontrado droga en el lugar". Es cuando uno siente que la noche se vuelve intensa, que todas las fuerzas se le van, y se cuestiona si debía haberle dado permiso. Es un momento difícil y agónico, pero es el momento de amar a mi hijo y traerlo de regreso a casa.

"¿Qué hizo, mi hijo?", "¿Está consumiendo droga?", "¿Cómo encontraron droga?". Yo le dije a Daniel: "Espere ahí, ya voy, ya voy". Cuando iba de camino, yo iba clamando a Dios para que estuviera bien. También debo confesar que pedí a Dios que el policía que estaba ahí, no me conociera.

Al llegar, el policía me mira, me pide que baje el cristal, y lo único que hace es emitir un juicio, y dijo: "Es increíble pensar que un hijo suyo esté aquí". En esos momentos es cuando uno quisiera que la tierra lo trague para desaparecer. Pero era el momento de buscar a mi hijo para volver a casa.

Miré al oficial y le dije: "Sí, oficial, tiene razón. Pero hace mucho tiempo le dije a mi hijo que no importaba dónde estuviera, no importaba lo que hubiese hecho, no importaba la hora que fuera, si él llamaba a casa, yo iría a buscarlo. Aquí vengo por mi hijo, señor". Era el momento de la verdad, donde yo tenía que probar a mi hijo que lo amaba.

Cuando Daniel sube al auto, comenzó a disculparse, y a decir: "Papá, no fuimos nosotros, fue una gente que llegó, nosotros llamamos a la policía". Y antes de que siguiera le dije: "Espera, Daniel, espera un momento. Daniel, no importa dónde estés, no importa lo que hayas hecho, no importa la hora que sea y no importa el lugar que sea, si usted llama a casa, yo voy a venir a buscarle. Aquí estoy, mi amor, estamos juntos. Te amo, te amo, sos mi hijo, te amo".

Ese momento fue un momento muy crucial, y nunca lo olvidaré. Fueron varias noches las que tuvimos que ir a buscar a nuestros hijos para traerlos a vuelta a casa, hasta que ganamos sus corazones, hasta que Dios hizo el milagro en ellos. Y hoy caminamos juntos mientras servimos a Dios.

Debo confesar que hubo noches oscuras, difíciles, donde uno quisiera que esas noches no existieran, pero fueron noches cruciales, porque les evidenció a ellos que eran amados incondicionalmente.

Nunca les impusimos a ellos una conducta religiosa, sino que siempre permitimos que ellos pudieran vivir el momento que vivían sin sentir que Dios era una imposición, sino que Dios es una elección, un privilegio, el salvador que restaura nuestras vidas y sana los corazones. Y por eso, protegimos el corazón de nuestros hijos, de tal manera que ellos pudieran entender que eran amados incondicionalmente a pesar de sus errores.

Hace algún tiempo mi hijo Esteban estaba asumiendo un nuevo reto en *Enfoque a la Familia*. Su llamado por ayudar a las familias estaba creciendo, y un día nos dijo que deseaba seguir nuestros pasos. Era una experiencia nueva, y decidimos escribir para él unas palabras de ánimo. Le transcribo lo que le escribí, porque hay momentos donde ellos necesitan escuchar lo que pensamos y sentimos.

> *Esteban, Dios te trajo a este mundo para cumplir un propósito eterno, y te lo ha ido revelando paso a paso. Nos sentimos felices al ver que Dios te está poniendo en esta nueva posición, donde aprenderás, crecerás, y serás formado para la siguiente etapa en tu vida. Hemos visto que Dios va siempre más lejos de lo que imaginamos, y estoy seguro que en esta etapa también te va a sorprender, porque abrirá puertas y ensanchará tus estacas.*
>
> *Me siento honrado por el hijo que Dios nos ha dado. Eres fuente de inspiración, de pasión y de perseverancia. Estoy seguro que mis compañeros sabrán aprovechar la fuerza que te identifica.*
>
> *Te bendigo y sé que Dios te ha preparado para aportar a Enfoque a la Familia todo lo que has aprendido. Hoy surge un nuevo, reto y nuevos horizontes se levantan delante de vos para ser conquistados.*
>
> *Tal como Dios se lo reveló a Jeremías, te lo habla también a vos:*
>
> *La palabra del Señor vino a mí: «Antes de formarte en el vientre, ya te había elegido; antes de que nacieras, ya te había apartado; te había nombrado profeta para las naciones.» Yo le respondí: «¡Ah, Señor mi Dios! ¡Soy muy joven, y no sé hablar!» Pero el Señor me*

dijo: «No digas: "Soy muy joven", porque vas a ir adondequiera que yo te envíe, y vas a decir todo lo que yo te ordene. No le temas a nadie, que yo estoy contigo para librarte.» Lo afirma el SEÑOR. Luego extendió el SEÑOR la mano y, tocándome la boca, me dijo: «He puesto en tu boca mis palabras. Mira, hoy te doy autoridad sobre naciones y reinos,» para arrancar y derribar, para destruir y demoler, para construir y plantar».[4]

Tu papá,
Sixto

Hay momentos en la vida de nuestros hijos que no deben pasar desapercibidos. Ellos necesitan que nuestras palabras los marquen, y les indiquen que van bien. Ellos necesitan sentirse afirmados, y saber que confiamos en ellos. Nadie mejor que los padres para hacerlo.

La sonrisa más segura es la sonrisa de un hijo en los brazos de sus padres, porque sabe que es amado.

De padre a padre:

+ Siempre acompañe un abrazo con una palabra de ánimo; nunca de juicio o de condenación.

+ Antes de reaccionar con ira, enfríe sus emociones: aléjese, haga silencio, y reflexione. Entonces, converse.

+ Ame a pesar de los errores.

+ Sus palabras de estímulo, aceptación y admiración tienen que decirse mil veces.

Las palabras de un padre marcan el carácter de un hijo. Les ayudan a definir su pensamiento, y a ver el mañana con esperanza.

FELICIDAD ES PLENITUD

La alegría se encuentra en el contentamiento que brota de un corazón sano. Es difícil ser alegre cuando el corazón está herido, cuando llora o cuando el corazón tiene amargura o dolor. La alegría se encuentra cuando logro tener un corazón sano, que ha sido capaz de perdonar, capaz de soltar el pasado, y capaz de vivir el presente a plenitud. —S.P.

Algunas personas tienen, por su temperamento, una mayor disposición a expresar emociones buenas con gestos agradables. Algunos son más eufóricos que otros, otros son más reservados, pero la alegría no tiene nada que ver con personalidad. Puede que alguien en su silencio sea la persona más feliz del mundo porque tiene paz, gozo, y sonríe tímidamente, pero cuando uno está con ellos, es alguien que te inspira una alegría increíble. Hay personas que son extrovertidas, alegres, y te lo demuestran de mil maneras. Son efusivas y expresivas. Por lo tanto, no podemos estigmatizar creyendo que la alegría es solamente euforia. La alegría tiene que ver con contentamiento y con actos de gratitud.

> La verdadera alegría se encuentra cuando somos capaces de renunciar a nuestro egoísmo para hacer felices a las personas que están a nuestro lado.

Cuando uno encuentra una persona agradecida, es alegre. Cuando uno encuentra a una persona que tiene un contentamiento, es una persona que tiene paz. Por lo tanto, una persona alegre es alguien que tiene paz en el corazón, y le es fácil vivir en armonía con los demás. La alegría es un estilo de vida que yo elijo.

Los beneficios de vivir alegre en el campo de la salud física son muchos. Se habla que más del 60% de las enfermedades son psicosomáticas, es decir, que yo mismo me las produje por mi condición mental o emocional. Esto significa que las enfermedades vienen cuando yo retengo dolor o amargura dentro de mi corazón, cuando tengo deseos de venganza, cuando me siento en la libertad de estar reclamando o juzgando la vida de los demás. Una persona amargada pierde la paz rápidamente.

La alegría no es algo que depende de circunstancias externas. Es una decisión que toma mi corazón, y lo expreso externamente con sonrisas, palabras de gratitud y de reconocimiento, en lugar de tener palabras de reclamo, de juicio o de crítica.

Reconocer la felicidad

La felicidad no está en el pasado, en creer que ayer fue mejor que hoy. La felicidad es tomar consciencia de que hoy existo, de que hoy estoy pleno, estoy completo, y estoy lleno. Eso no lo determina cuánto tengo o dónde vivo, o el apellido que poseo o la nacionalidad que me identifica. Lo determina el corazón. Podemos encontrar a una persona físicamente bien parecida, quitándose la vida, porque cree que la vida no tiene sentido. Podemos encontrar a una madre buscando el agua para cocinar a kilómetros de su casa, y ser la persona más feliz del mundo porque ese día tuvo el agua suficiente. Entonces, la felicidad no es algo que está en el pasado; tampoco está en el futuro. Se disfruta en el presente.

La felicidad es el contentamiento que tengo porque asumí consciencia de que existo, de que estoy pleno y de que estoy bien. En ese momento cuando yo tomo consciencia de que estoy bien, de que estoy pleno, de que vivo, de que existo, de que Dios ha tenido cuidado de mí, de que lo he visto en el pasado, y de que lo voy a ver en el futuro, mi corazón rebosa de felicidad. Es feliz quien despertó a la vida y tiene gratitud por lo que es y tiene.

Un amigo mío que estaba muriendo de cáncer dijo: "Soy la persona más feliz del mundo, porque existo, y puedo amar y disfrutar a mi mamá, a mis hijos y a mi esposa. Estuve tan ocupado, tan lleno de trabajo, que estuve ausente, y me pregunto, ¿dónde estuve? Pero ahora que me he detenido para contemplar, para amar y para vivir, estoy pleno".

Por lo tanto, la felicidad está en el hoy, y el hoy es plataforma para lo que viene mañana. Yo puedo construir a la felicidad del mañana cuando tengo una consciencia tranquila, cuando no tengo cosas ocultas, cuando no tengo una doble vida, cuando puedo vivir en paz conmigo mismo y con las personas que amo; cuando disfruto el abrazo de mi familia y la alegría de mis pequeños.

La felicidad no la determina el lujo que pueda tener. La encuentro cuando convierto en milagro lo que estoy viviendo. Es feliz mi papá a sus 89 años cuando se logra levantar de la cama y puede dar un paso por él mismo. A pesar de sus limitaciones, es una persona feliz; canta, recuerda historias, y agradece hasta el más mínimo detalle. Su hablar es lento, camina despacio, su estado de salud hay que controlarlo cada día, pero su alegría y plenitud no cambian. Es fácil de atender y siempre tiene buen humor.

La felicidad no está en querer volverme al pasado. El pasado se marchó, se fue y solo dejó recuerdos. Si trato de retener el pasado, traigo tristeza al corazón. Si yo quiero adelantar el tiempo, traigo ansiedad a mi vida. Pero si me levanto a partir de la gratitud, añado contentamiento, aprecio las oportunidades que tengo, perdono a quienes me lastimaron, y le entrego mi vida a Dios, estoy pleno, no falta nada y soy feliz.

Siempre me pregunto, ¿qué papel juega el dolor en la búsqueda de la felicidad? El dolor nos permite tener conciencia de los momentos que la vida nos regala, porque los valoramos. Es en medio de los momentos difíciles que prometemos a Dios cambiar, servirle y agradecer. El problema está en que cuando todo marcha bien, es fácil caer en la trampa de la pereza, la indiferencia, la queja, y el menosprecio. Por lo tanto, los momentos difíciles nos ayudan a despertar, a tener consciencia, y a valorar. El dolor fortalece la relación con Dios, nos permite apreciar el abrazo del amigo, y acrecienta nuestra fe.

El dolor nos despierta a la realidad de que estamos vivos, y nos ayuda a valorar aquello a lo que nos hemos acostumbrado.

> **El dolor es un instrumento para despertarnos a la felicidad.**

¿Cómo retengo la felicidad?

La felicidad tiene que ver con la actitud ante la vida, y con la plenitud que otorga Dios cuando lo llena todo.

La felicidad no es un lugar al que llegamos. Es un camino que recorremos, una elección, un estilo de vida. Nadie puede impedir que seamos personas felices, a menos que se lo permitamos. Somos felices cuando logramos serlo a pesar de las circunstancias.

Somos personas felices cuando asumimos la responsabilidad de construir nuestro propio destino, tomamos decisiones, y actuamos con una conciencia tranquila. La felicidad no es un sentimiento de euforia, es la búsqueda de un mejor nivel de vida.

La felicidad es la capacidad de aceptar el dolor como algo momentáneo, porque es un momento para confiar en Dios y crecer como persona. La felicidad no es ausencia de problemas. Es la capacidad de comprenderme desafiado a resolverlos, y de tener viva la esperanza en un mejor mañana.

La felicidad no significa perfección. Es la capacidad de interpretar mi presente como el cumplimiento de lo que Dios prometió en el pasado. Felicidad es la capacidad de mantener viva la esperanza y la ilusión.

La felicidad se expresa en la habilidad de soltar y vivir sin apego a lo que ya no existe, como el pasado, las personas que se marcharon y las cosas que un día tuve. No logra ser feliz quien se apega a las cosas. Es la capacidad de soltar a las personas para que sean ellas o para que partan, y la habilidad de esperar el futuro con paciencia. La felicidad es un continuo soltar el pasado para poder soñar con un mejor mañana. Sufrimos como consecuencia de no haber soltado lo que no se puede retener.

La felicidad no viene por el tener. Felicidad es la capacidad de apreciar lo existente, mientras conservo intacta la habilidad de soñar.

> ## Felicidad es la capacidad de apreciar lo existente, mientras conservo intacta la habilidad de soñar.

La felicidad crece cuando confío plenamente en Dios; cuando alimento mi mente con el pensamiento correcto, la lectura adecuada, la mejor canción, y me hago rodear de personas extraordinarias.

El otro día escuchaba a un amigo decir que su papá es escritor sobre temas de familia, y dice: "Mi mamá y mi papá se pelearon. Se pelearon como nunca. Y yo lo vi irse a la oficina, abrió su computadora, me acerqué a él y le pregunté: '¿Qué haces, papá?'. 'Estoy viendo la lista de virtudes que tiene tu mamá para recordar que son más sus virtudes que sus defectos. Estoy recordándome a mí mismo cuánto la amo y cuánto la valoro'".

La mejor forma de retener la felicidad es recordando quiénes somos, de dónde venimos, de dónde nos ha levantado Dios, cómo ha tenido misericordia de nosotros. Otra manera de retener la felicidad es caminando aunque no sienta, creyendo aunque no vea, y dándome la oportunidad de entender que Dios siempre me va a sorprender. Es esta actitud la que me permite llenar mi vida de alabanza a Dios.

La alegría y la felicidad nunca deben depender de otra persona, porque entonces voy a depender de esa persona para sentirme bien. Para ser una persona alegre y feliz, debo interactuar con personas que alimenten mi fe, que me estimulen a hacer lo correcto, y que me impulsen a creer en Dios.

Elija Ser Feliz:

1. Decida pensar y hablar bien de usted mismo, y de los demás.

2. Tome tiempo para comprender sus sentimientos y condúzcalos con fe, esperanza y una confianza plena en Dios.

3. Lea lo que alimenta su fe, le trae ánimo, le inspira, y le produce paz.

4. Tenga buenos amigos y cuando los tenga, aprécielos.

5. Sea el mejor amigo para los demás; inspire confianza, cercanía, tranquilidad, paz, y exprese amor de mil formas.

6. Ame a su familia y póngala en la prioridad que le corresponde.

7. Invierta tiempo en sus hijos, y deje recuerdos agradables en ellos.

8. Acepte a su familia tal cual es, porque nadie es perfecto.

9. Controle el enojo, la ira y la frustración.

10. Resuelva los temas pendientes, y no deje que el sol se ponga sobre su enojo.

11. Comprenda más a los que ama, y perdone a los que le fallan.

La felicidad no es algo que se compra. Es un regalo de Dios que se disfruta. Hoy que veo a mis hijos ser personas plenas, felices y realizadas, me doy cuenta que también es algo que se inspira. La alegría más grande que puedo vivir es ver a mis hijos disfrutar lo que hacen y lo que son. Esto no se cambia por nada en el mundo. Caminar con ellos es fácil, porque son personas felices y agradecidas. Debo confesar que hemos tenido nuestros momentos difíciles, pero vale la pena perseverar en creer que Dios hace milagros.

> Persevere; la misión de ser padres es lo mejor que nos puede suceder.

Hoy es un buen día para disfrutar en familia; reír, conversar, recordar, abrazar y disculpar los errores cometidos. Es el mejor momento para encontrarnos con los que más amamos, y agradecer a Dios por el camino recorrido. Cuando lo hacemos, nuestros hijos lo aprecian.

Cuando tomamos tiempo para enriquecer nuestro diálogo interno, encontrarnos con nosotros mismos, con Dios y con los sueños que nos inspiran, generamos el mejor ambiente para instruir a nuestros hijos. Por eso, deténgase en algún lugar tranquilo para ver el atardecer, o levántese temprano para disfrutar un bello amanecer. Cuando era niño, mis padres nos llevaban a un lugar alto en el pueblo para ver el sol caer. La vista era espectacular, y esto me enseñó a contemplar. Lo que nos permite ser felices en medio de lo que vivimos es levantar la mirada al cielo, y dar gracias a Dios por todo.

Felicidad es la capacidad de apreciar lo existente,
mientras conservo intacta la habilidad de soñar.

La felicidad es...

+ Tener la mejor actitud ante la vida.

+ Una elección.

+ Asumir la responsabilidad de construir nuestro propio destino.

+ La búsqueda de un mejor nivel de vida.

+ La capacidad de aceptar el dolor como algo momentáneo.

+ Comprenderme desafiado a resolver los problemas.

+ Tener viva la esperanza en un mejor mañana.

+ Interpretar mi presente como el cumplimiento de lo que Dios prometió en el pasado.

+ Un continuo soltar para volver a soñar.

La felicidad crece...

+ Cuando confío plenamente en Dios.

+ Alimentando la mente con el pensamiento correcto.

+ Cuidando lo que leo, veo, y escucho.

+ Valorando a los que están a mi lado.

+ Rodeándome de las mejores personas.

+ Siendo la persona correcta para los demás.

+ Cuando tengo un corazón agradecido.

+ Interactuando con personas que alimenten mi fe.

+ Recordando quiénes somos, de dónde venimos, y de dónde nos levantó Dios.

Camine aunque no sienta, crea aunque no vea,
Dios siempre le va a sorprender.

7

LA RIQUEZA DE LA GRATITUD

Enseñar gratitud a nuestros hijos es una misión de toda una vida. No desista; un día lo agradecerán. — S.P.

*C*uando decidimos ser agradecidos, la vida tiene color y significado, porque la gratitud nos convierte en personas llenas de ilusión y de alegría. Vivir intensamente la vida no lo determina lo que hacemos, sino la forma en que lo hacemos, la pasión que imprimimos y la gratitud que mostramos. La vida es para ser disfrutada con los que amo. La gratitud hace que sea más fácil disimular las cosas que no están bien, o los errores del camino, mientras nos permite apreciar el esfuerzo por mejorar las virtudes que nos identifican.

Nunca pensamos en la gratitud como un elemento de riqueza, pero sí lo es. La gratitud es el reconocimiento que yo le expreso a Dios o a las personas por lo que han hecho por mí. Viene al asumir conciencia de que lo que están haciendo los demás en casa es una expresión de amor, más que una obligación. Ser agradecido es un acto voluntario y una disposición del corazón, y se da cuando valoro lo que otro ha hecho por mí.

¿Qué mata la gratitud? Cuando yo creo que las personas están obligadas a servirme, me siento en el derecho de exigir que lo hagan. Esto nos roba el privilegio de ser personas agradecidas. Cuando un hijo es consciente que es amado porque los padres eligieron hacerlo, entonces expresa gratitud.

Cuando un cónyuge reconoce que todo acto de servicio es una expresión de amor, le es fácil ser agradecido.

Ser agradecido produce magia en el corazón, porque nos permite valorar doblemente las cosas que vivimos y a las personas que amamos. Por eso, la gratitud es una virtud que uno tiene que aprender a desarrollar. Es apreciar la gracia que otros han tenido con nosotros.

La persona agradecida es alegre y capaz de valorar hasta el detalle más pequeño. Cuando soy una persona agradecida, lo que tengo es suficiente, y lo que existe se aprecia.

Cuando no tengo gratitud, me fijo en el error y en lo que no está bien, mientras le robo valor a lo que vivo o tengo. Entonces yo exijo, demando, pido, y esto mata el contentamiento.

Una persona agradecida tiene gozo, alegría, plenitud y es feliz. Genera un ambiente de contentamiento, de paz, de armonía y le es fácil abrazar, besar, y dar afecto.

> **La gratitud no tiene nada que ver con cuánto hay; la gratitud tiene que ver con el valor que le doy a lo que hay.**

¿De dónde nace la gratitud? Nace de un espíritu pleno, de un corazón que se siente feliz. Por eso, tiene que ser un hábito que debemos aprender a desarrollar dondequiera que estemos: siempre debo dar gracias en todo. El día que yo creo que los demás deben hacer las cosas, yo pierdo la alegría y la magia de vivir en familia. Cuando uno reconoce que la gratitud es lo que nos acerca, comenzará a expresarla todos los días.

La gratitud se expresa de mil maneras. Muchas veces puede ser un abrazo sincero, un beso, una llamada, o lo expreso con un mensaje. La mayoría de las veces debe ser con palabras. Y yo tengo que aprender a decir gracias todos los días. Cada vez que alguien tiene un acto de servicio conmigo, se sacrifica para complacerme, o me hace un favor, debo ser agradecido.

Una persona agradecida tiene un mejor nivel de salud física y emocional.

Hay abuelos, padres y tíos que siempre tienen un regalo, una palabra de ánimo o bien, una sorpresa. Hay quienes nos complacen con la comida favorita, no dicen nada, pero te miran en silencio y solamente ríen. ¡Cómo no ser agradecidos ante tanto amor!

Uno tiene que aprender a reconocer esos gestos de amabilidad. Por otro lado, hay personas que están diciendo gracias, no con palabras, pero te lo expresan con un obsequio o un detalle. Debemos llenar nuestro hogar con palabras de gratitud.

Cuando somos agradecidos, nos es fácil acercarnos porque nos valoramos más. Por eso, exprese gratitud con palabras, un mensaje, una carita feliz, un dibujo, una foto, o sea creativo. Lo importante es llenar de gratitud la casa.

Alcance de la gratitud

¿Cómo enriquece la gratitud a una persona? Una persona agradecida es más rica que el que tiene mucho dinero. Una persona que tiene mucho dinero puede ser miserable, porque cree que no tiene suficiente o que le falta algo, o que él compra el favor de los demás.

> Una persona agradecida está en el escalón
> más alto de la realización humana.

La gratitud nos ayuda a despertar imaginación y produce paz, contentamiento, y valoramos más. Por ejemplo, solamente hay cinco panes y dos peces. Jesús dice: *"Denles ustedes mismos de comer"*. Los discípulos dicen: *"¡Es una multitud, ni con todo el dinero de un año pudiéramos darle de comer a esta multitud!. —¿Cuántos panes tienen ustedes? —preguntó Jesús"*. Jesús toma lo que un joven ofrece; ese fue el héroe de la historia. Él se desprende de su merienda, cinco panes y dos peces.

> *Jesús tomó los cinco panes y los dos pescados y, mirando al cielo, los ben-dijo. Luego partió los panes y se los dio a los discípulos para que se los repartieran a la gente. También repartió los dos pescados entre todos. Comieron todos hasta quedar satisfechos, y los discípulos recogieron*

doce canastas llenas de pedazos de pan y de pescado. Los que comieron fueron cinco mil.[1]

Lo que hay es suficiente. Cuando damos gracias, eso puede llevarnos más lejos de lo que imaginamos. No hay lugar más alto que la gratitud. La gratitud estimula la imaginación, y produce un efecto de plenitud maravilloso. Jesús no tuvo dónde recostar su cabeza, no tuvo vehículo para transportarse, ni siquiera caballo o burro propio; siempre pedía prestado lo que necesitaba. No tuvo un barco propio, pero siempre tuvo un barco en el cual cruzar y si no había uno, caminaba sobre el agua.

Nunca le dijo al Padre: "Padre, no tengo dinero suficiente". Tampoco dijo: "Padre, no tengo ni siquiera dónde recostar mi cabeza". Nunca dijo: "Padre, no tengo una casa, no tengo una cama". Nunca dijo eso. Jesús nunca se quejó, siempre dio gracias, y la gratitud hizo que todo lo que el Padre le había prometido se cumpliera. Jesús vivió al máximo cada experiencia, Él lo disfrutó.

Hijos agradecidos

Cuando enseñamos a nuestros hijos a ser agradecidos, les estamos enseñando a valorar lo que tienen y a multiplicarlo, mientras disfrutan de un sentimiento de contentamiento y plenitud.

Yo puedo decir que la gratitud hace que una casa brille, no importa dónde usted viva. Es la gratitud que nuestros padres nos enseñaron lo que nos permitió apreciarlo todo. Cuando éramos niños, disfrutábamos lo que había en casa aunque durmiéramos todos en una misma habitación, se cocinara con cocina de leña, la ropa pasaba del mayor al menor, y había juguetes muchas veces porque alguien más lo regalaba. Jugábamos con lo que teníamos, nos divertíamos en los ríos, y siempre hubo alimento en la mesa. La riqueza que teníamos venía de la gratitud que nos enseñaron nuestros padres. Por eso estábamos plenos, llenos, satisfechos y alegres. Nunca fuimos pobres porque nadie nos dijo que lo éramos. Fuimos ricos, porque había alegría, y gratitud con Dios.

¿Era una familia perfecta? No. Era una familia con errores, pero teníamos un corazón agradecido, y fuimos enseñados a confiar en Dios, a tener contentamiento, ilusión y alegría. Solamente éramos soñadores, simplemente pequeñas personas listas a extender las alas y a volar en la dimensión de aquella fe que nos estaban transmitiendo nuestros padres.

El mayor beneficio que obtiene un padre al enseñar a su hijo a tener gratitud, es que le permite a su hijo tener un corazón generoso, servicial, compasivo y educable.

Por ejemplo, nuestros padres nos enseñaron a ser agradecidos y generosos, y como consecuencia de eso, ahora que mi papá está en sus años grandes, sabe que no tiene que preocuparse de nada, porque los hijos siempre tendremos cuidado de él. Cuando yo observo a mi papá ahora en sus años grandes, lo veo con la confianza y la seguridad necesarias, porque sabe bien lo que él y mamá nos enseñaron.

Por lo tanto, un padre que siembra gratitud en el corazón de su hijo va a tener personas de bien que aportarán positivamente para la familia y la sociedad.

Una persona agradecida está en el escalón más alto de
la realización humana.

La gratitud...

+ Tiene que ver con el valor que le doy a lo que hay.

+ Nos lleva lejos, porque estimula la imaginación.

+ Nos permite vernos como personas plenas, completas y satisfechas.

+ Hace que una casa brille.

+ Hace que sea más fácil disimular los errores.

+ Hace que se valoren las personas y lo que se posee.

+ Trae contentamiento, alegría y valoración.

Vivir intensamente la vida no lo determina lo que hacemos,
sino la forma en que lo hacemos, la pasión que imprimimos y
la gratitud que mostramos.

8

SABIDURÍA Y DISCERNIMIENTO

*N*uestros hijos, al crecer, verán confrontados los valores con los que fueron educados. Conocerán a personas que tienen valores distintos a los suyos, y en ese momento tendrán que hacer su propia elección. Si les hemos enseñado a manejar su libertad con responsabilidad y a confiar en Dios su destino, podemos confiar que acertarán en sus decisiones.

Hace un tiempo conocí a Ithamar. Es de esas jóvenes decididas, clara en su pensamiento y determinada en sus convicciones. A sus 18 años escribió el perfil de lo que ella considera es el hombre con el que le gustaría casarse:

> "Debe ser un cristiano comprometido, gustarme físicamente y pertenecer a una familia con principios similares a los de mi familia. Debe ser emocionalmente estable, tener metas claras e ir en pos de ellas. Debe ser alguien que le guste la familia y sea un visionario. Aunque sus emociones estarán ligadas a mí, no debe crear una dependencia emocional y debe tener un gran deseo de superarse".

Ithamar refleja lo que ha aprendido en casa, el amor que se tiene, y la firmeza de sus convicciones. Ninguna persona construye una casa sin fundamento, ni echa a andar una locomotora sin rieles. Esta es la razón por la que vale la pena invertir tiempo y esfuerzo en instruir a nuestros hijos.

La sabiduría va más lejos que la inteligencia, y es más que tener conocimiento. La sabiduría es Dios revelado al corazón. Es la mezcla del discernimiento, el sentido común, y el conocimiento aplicado, y la refleja un espíritu educable. Sabia es la persona que escucha el consejo, toma tiempo para reflexionar y aprende de la experiencia.

La sabiduría no la revela la arrogancia del conocimiento. No es tener la respuesta para todo. Sabiduría se expresa en un corazón dócil; un corazón lleno de esa gracia que Dios da y que nos mueve a la cordura, la sensatez, al fruto mismo del Espíritu. Es tener hambre por conocer la voluntad de Dios y pagar el precio de buscar Su guía.

No es fácil tener la actitud de una persona sabia, porque requiere humildad para escuchar, serenidad para esperar, y discernimiento para distinguir entre lo falso y lo verdadero. Una persona sabia hace lo correcto frente a la presión de los amigos, la persona que le gusta, o ante sus deseos egoístas. Quien tiene dominio de sus emociones, actúa sabiamente. Y las únicas personas que lo logran son los que han rendido su orgullo, su vanidad, y sus deseos, al señorío de Dios.

Si quiero enseñar sabiduría a mis hijos, tengo que caminar con ellos, pedir perdón cuando me equivoque, tomar tiempo para aconsejar, instruir intencionalmente y acompañarlos en la adversidad. No ocurre de la noche a la mañana. Es un proceso que crece mientras caminamos juntos.

Tal y como dijo Jesús:

> *Yo les he dado la gloria que me diste, para que sean uno, así como nosotros somos uno: yo en ellos y tú en mí. Permite que alcancen la perfección en la unidad, y así el mundo reconozca que tú me enviaste y que los has amado a ellos tal como me has amado a mí.*[2]

Por lo tanto, la sabiduría es Dios viviendo en nuestro corazón y revelándose en nuestra vida.

La sabiduría nos beneficia, porque nos convierte en personas con dominio propio, prudentes, educables, sensibles, y éticas en su proceder. Una persona llena de sabiduría es una persona con paz, contentamiento, gozo, plenitud, y alegría.

Una persona sabia tiene intacta su habilidad de soñar porque se ve proyectada en el tiempo, y depende absolutamente de Dios.

He visto personas con coeficientes intelectuales altísimos, con una inteligencia impresionante, y las cosas no les salen bien. Y creo que se debe a que, para tener éxito en la vida, no basta saber razonar, memorizar, argumentar o aplicar las habilidades matemáticas. Se requiere humildad para escuchar, sensibilidad para depender de Dios y paciencia para obedecer.

Una persona sabia es aquella que depende absolutamente de Dios, y tiene el deseo sincero de hacer lo correcto. Sujeta su temperamento, sus deseos y sus pasiones al señorío de Cristo, y permite que Cristo sea el centro de su vida.

La sabiduría llega al corazón cuando Dios es revelado a nuestras vidas. Por ejemplo, Pablo era torpe porque consentía en la muerte de los cristianos y creía que al cumplir la ley, había alcanzado su máxima realización, pero su espíritu seguía insatisfecho. Él tenía hambre de algo más, pero no lo podía encontrar en su orgullo religioso.

Cuando Cristo es revelado a su corazón, él encuentra la pasión de su vida, la definición de su identidad, y la razón por la cual él existe. Dejó de competir, abandonó el celo que lo consumía, y ahora actuaba como un discípulo de Cristo. Buscaba hacer la voluntad de Dios, tenía un espíritu dócil, pero a la vez se convirtió en un visionario, en un apasionado por la causa, y en una persona plena.

Por lo tanto, una persona que ha adquirido sabiduría, es una persona que brilla, tiene gozo, paz, dominio propio, es prudente en su proceder, hace el bien a los demás y tiene sentido de destino. No compite, no se compara, no se incomoda con el éxito de los demás. Es una persona que transmite ilusión.

No lo determina cuánto tiene. Lo determina cuánto brillo hay en su vida. Se sabe vasija, y entiende que toda la gloria que lleve solamente es producto de que Cristo, como la luz que nos ilumina, es la que resplandece.

Sabia es la persona que desea hacer la voluntad de Dios, pero muchos, a pesar de querer hacer lo correcto, toman malas decisiones. ¿Cómo se explica? Porque no se puede confundir depender de Dios, con religiosidad. Una persona religiosa es poco sabia, porque va a vivir imponiéndosela a los demás como si fuese una regla que mide la estatura espiritual. Una persona religiosa es cuadrada, juzga a los demás, lo critica todo, su rostro es como un limón ácido. Pero una persona llena de sabiduría es como un niño, resplandece, es inocente.

> La sabiduría es ese conocimiento divino que nos permite adquirir una visión más amplia de lo que normalmente se ve.

La sabiduría es lo que nos ayuda a cada uno de nosotros a vivir en una dimensión diferente. Tal y como lo escribió Pablo:[3] *"Y en unión con Cristo Jesús, Dios nos resucitó y nos hizo sentar con él en las regiones celestiales"*. La sabiduría nos hace vivir en una nueva dimensión: la de la fe y la esperanza. Es lo que nos mueve a la prudencia, a la sensatez, al dominio propio y al deseo de ser guiados por Dios.

La sabiduría se desarrolla con el tiempo. No es algo que se adquiere en el aula o con la lectura de un libro. Aprendo a ser sabio cuando camino con sabios, interiorizo el pensamiento de los sabios, cuando dejo de lado mi orgullo, y le permito a Dios dirigir mi vida.

La sabiduría es la expresión máxima del entendimiento, y lo más profundo del conocimiento. Por lo tanto, únicamente puede definirse como Dios viviendo en nuestro corazón. Pero es más que una experiencia religiosa. Es un fruto que se expresa en nuestros actos, en nuestra manera de pensar, y en nuestra forma de relacionarnos.

La sabiduría nos ayuda a desarrollar lo que somos, y nos proyecta en el tiempo, porque nos introduce al mundo de la fe, y la confianza en Dios. De hecho, la única forma de llegar lejos es siendo sabios. ¿Por qué? Porque lejos no tiene que ver con cuánto yo hice. Por ejemplo, es la pregunta de Jesús: "¿Quién tiene más? ¿Aquel a quien se le dio un talento, dos talentos o cinco talentos?". Jesús dice: "Cada uno tiene igual", ¿Por qué? Porque a cada uno se le dio conforme a su capacidad.[4]

A cada uno se le dio a administrar conforme a los dones que tenía, pero es sabio aquel que administrándolo con prudencia, lo multiplicó. Por lo tanto, la sabiduría es lo que nos permite multiplicarlo.

La sabiduría es más que buenos pensamientos, más que conceptos, más que saber. Puede alguien dominar cinco idiomas, pero carecer de sabiduría porque le falta prudencia y humildad. Por lo tanto, la sabiduría es la combinación del conocimiento intelectual con el dominio de las emociones, dirigidos por el Espíritu de Dios. Para lograrlo, se requiere un espíritu humilde.

> La sabiduría combina el conocimiento intelectual con el dominio de las emociones, dirigidos por el Espíritu de Dios.

¿Cuál es la relación entre el aprendizaje y la sabiduría?

Únicamente aprende aquel que tiene un espíritu educable. Solamente los que tienen un espíritu educable llegan a ser sabios, porque se requiere humildad para aprender, y prudencia para decidir. Una persona sabia, pregunta.

Sabia es aquella persona que tiene un profundo deseo de conocer la voluntad de Dios, posee la humildad de preguntar, hace grande a quienes tiene cerca, y está dispuesta a obedecer. Si un padre quiere dirigir a sus hijos a la grandeza y al éxito, tiene que ayudarles a tener un espíritu educable y un corazón sabio.

La sabiduría siempre nos llevará más lejos que el conocimiento o la habilidad, porque vemos la vida desde otra óptica. Sabio no es quien hace gala de su conocimiento o sus éxitos pasados. Es quien, con humildad, desea saberse guiado por Dios.

Una persona con poder o bien con riqueza, podría caer en la trampa de la arrogancia. Por eso, la sabiduría no la determina el poder, la riqueza o el conocimiento; solo la revela un espíritu humilde y una voluntad rendida a los pies de Cristo.

Quiere decir que los padres enseñamos sabiduría con nuestro ejemplo, cuando enseñamos a nuestros hijos a conocer la Palabra de Dios, y les ayudamos a formar su carácter. Es lo que les conduce a la obediencia, y a disfrutar la realización de saberse sentados juntamente con Cristo Jesús en los lugares celestiales.

> ## El conocimiento sabe el qué, pero la sabiduría sabe el cuándo.

La sabiduría es más que conocimiento, porque el conocimiento sabe el qué, pero la sabiduría sabe el cuándo. Es decir, que no basta con saber; se requiere discernir cuándo decirlo, y cómo decirlo. Para esto se requiere ser un buen observador y tener la capacidad de detenerse para aprender de los demás.

¿Cómo puede un padre enseñar a su hijo el proceso de razonar sabiamente?

Enseñándole a discernir espiritualmente, porque hay cosas que no se ven con los ojos físicos; solo se disciernen con los ojos espirituales. Por ejemplo, los ojos pueden despertar codicia y guiarnos por el camino equivocado.

Hay cosas que no son reveladas por el conocimiento, porque el conocimiento analiza lo que es matemático y lógico, lo que está delante de sus ojos, lo que es medible, y predecible. Pero Dios siempre va más lejos de lo que nuestros ojos observan y la razón indica. Por ejemplo, ¿cómo comprender que de un anciano como Abraham y una dama estéril como Sara, nacerían pueblos y reyes? ¿Por qué dejar la comodidad de un trabajo próspero para ser un nómada que va tras una tierra lejana? Esta es la experiencia de Abraham:

> Por la fe Abraham, a pesar de su avanzada edad y de que Sara misma era estéril, recibió fuerza para tener hijos, porque consideró fiel al que le había hecho la promesa. Así que de este solo hombre, ya en decadencia, nacieron descendientes numerosos como las estrellas del cielo e incontables como la arena a la orilla del mar.[5]

Si un padre quiere enseñar a sus hijos sabiduría, tiene que enseñarles a discernir con los ojos de la fe, y la confianza en Dios.

Otro ejemplo es Samuel cuando llega a ungir a David como rey, porque Dios le había dicho que fuera a ungir a un nuevo rey de Israel. Dios le dijo:

> *Mejor llena de aceite tu cuerno, y ponte en camino. Voy a enviarte a Belén, a la casa de Isaí, pues he escogido como rey a uno de sus hijos.*[6]

Cuando llega a casa de Elí y ve a Eliab, dijo:

> *Cuando llegaron, Samuel se fijó en Eliab y pensó: «Sin duda que este es el ungido del Señor». Pero el Señor le dijo a Samuel: —No te dejes impresionar por su apariencia ni por su estatura, pues yo lo he rechazado. La gente se fija en las apariencias, pero yo me fijo en el corazón.*[7]

Vio con los ojos físicos, analizó con la razón, y Dios le dijo: Él no es. ¿Pero por qué no es?. Porque tú estás viendo como miran los hombres. Miras la apariencia y lo que está frente a ti, pero yo me fijo en el corazón.

Es interesante que Dios no le revela en ese momento quién es, y Samuel tiene que preguntar:

> *¿Son estos todos tus hijos? —Queda el más pequeño —respondió Isaí—, pero está cuidando el rebaño. —Manda a buscarlo —insistió Samuel—, que no podemos continuar hasta que él llegue. Isaí mandó a buscarlo, y se lo trajeron. Era buen mozo, trigueño y de buena presencia. El Señor le dijo a Samuel: —Este es; levántate y úngelo.*[8]

Hay cosas que no las revela la lógica, el conocimiento, la cultura, o la experiencia. No son evidentes a los ojos; las revela el discernimiento. Discernimiento es aprender a pensar como Dios piensa, y para eso se requiere afinar el oído espiritual. Si un padre quiere enseñar sabiduría a sus hijos, tiene que enseñarle a esperar, y a escuchar la voz de Dios. Es decir, a leer la Biblia, y a orar. No como un acto religioso, sino más bien como un estilo de vida.

Tiene que enseñarle a discernir. ¿Me conviene esta joven para convertirle en mi esposa? ¿Me conviene ese joven para esposo? ¿Me conviene hacer este negocio? ¿Me conviene ir a este lugar? Aprender a discernir es un camino que se elige. Puede que todo parezca perfecto, puede que todo esté en su lugar, pero de repente el Espíritu dice: "Corre". El Espíritu le dice: "Vete de aquí, vete de aquí ahora porque mañana será tarde". Sin embargo, todo parece perfecto, correcto, y hasta lo podemos justificar y razonar. No hay nada que indique lo contrario, pero Dios sigue diciendo que debes correr en la dirección opuesta.

Por eso, si un padre quiere guiar a sus hijos al éxito, debe tomar el tiempo para enseñarles a ver más allá de la apariencia, y a discernir espiritualmente.

El discernimiento lo enseña la experiencia. No es un lugar al que se llega. Es un camino que se recorre buscando en lo íntimo a Dios, leyendo la Biblia, y escuchando el consejo de los que me aman. No es un camino fácil, porque cada experiencia es única y requiere tener la sensibilidad necesaria para hacer lo correcto.

Todos nos hemos dado golpes, y nos vamos a equivocar. No importa la edad que tengamos, vamos a fallar. Por eso, el discernimiento también lo enseña la experiencia, y los errores del camino.

Es necesario que enseñemos a nuestros hijos lo que hemos aprendido a partir de nuestra propia experiencia. Enséñele cómo pudo discernir que era Dios el que lo estaba guiando. Cuéntele cómo enfrentó el momento difícil, y cómo vivió el éxito; cómo se levanta uno luego de una vergüenza pública. Es mejor aprender de la experiencia ajena y principalmente si viene de nuestros padres.

Otro elemento que aporta sabiduría a nuestro actuar es esperar el tiempo de Dios, porque hay momentos donde el cielo hace silencio, y no sabemos cuándo ocurrirán las cosas. Hay proyectos que he tenido entre manos por años y no se han concretado cuando pienso que pueden darse. Solo se ejecutan cuando Dios dice. Yo decía: "¿Dónde? ¿Quién? ¿Cómo?". Me equivoqué tantas veces.

No es cuestión de dinero, planes, conocimiento o estrategia; es esperar el tiempo de Dios. Hay momentos donde uno piensa tener todos los elementos en la mesa y el conocimiento necesario, pero las cosas no ocurren. Las cosas no se dan porque tengo la experiencia o el conocimiento necesarios. Ocurren en la forma y en el tiempo de Dios.

Las cosas no ocurren cuando yo diga; ocurren cuando Dios dice. ¿Cómo yo puedo entender eso? Todos debemos aprender a esperar el tiempo de Dios, porque todo tiene un tiempo, y requiere obediencia y humildad. No significa que existe un camino de perfección; significa que la vida es camino.

La sabiduría es la expresión máxima del entendimiento,
y lo más profundo del conocimiento.

Sabiduría implica:

+ Un espíritu educable.

+ Un corazón dócil.

+ Discernimiento.

+ Hambre por saber la voluntad de Dios.

+ Obediencia.

+ Dominio propio.

+ Conocer la Palabra de Dios.

+ Saber esperar el tiempo de Dios.

La sabiduría siempre nos llevará más lejos que el conocimiento o la
habilidad, porque vemos la vida desde otra óptica.

CAPACIDAD DE ASOMBRO

Lo que vivo es un milagro de la mano de Dios. —S.P.

*D*eje que Dios lo asombre, porque Él siempre va más lejos de lo que podemos imaginar. Por eso, debemos mantener intacta nuestra capacidad de asombro. Nos acostumbramos a vivir en función de lo que podemos controlar y lo que normalmente hacemos, pero Dios siempre nos asombra conduciendo nuestras vidas por caminos que no habíamos planeado, o abre nuestros ojos para que podamos apreciar lo que está a nuestro alrededor.

La vida tiene que sorprendernos, y para lograrlo debemos mantener intacta nuestra capacidad de admirar y apreciar. Si deseamos experimentar satisfacción, alegría, y plenitud, debemos asombrarnos todos los días por lo que nos ocurre, y experimentamos. Tener intacta la capacidad de asombro es tener intacta la capacidad de admirarse por lo pequeño y por lo grande, por la mañana, por la tarde y por la noche, por el verano, la primavera, el otoño, y el invierno.

La capacidad de asombro es lo que nos permite comprender que lo que vivo es un milagro que viene de la mano de Dios.

No lo logran los arrogantes, porque ellos se acostumbran a creer que lo que hay es fruto de su esfuerzo. Lo logra la persona humilde, que tiene la capacidad de poder entender que lo que ve es un milagro que viene de la mano de Dios.

Somos capaces de asombrarnos cuando nuestros ojos son abiertos, y podemos transformar en extraordinario lo que para otros es normal.

Es tener conciencia de que tengo manos, existo, veo, escucho, camino, hablo, y pienso. Es apreciar el verde de los campos, el rojo de la flor, el Sol que sale por la mañana, y escuchar la lluvia caer. Es tener conciencia del amarillo intenso del sol, y del abrazo del amigo. Es sufrir con el que sufre, y reír con el que se alegra.

Hay quienes tienen ojos y no ven, hay quienes tienen oídos y no escuchan, porque es fácil creer que lo que vivimos es normal, sin damos cuenta que es un milagro y debe sorprendernos.

Es dejar que mi corazón se asombre con el beso de un niño. Es dejar que las lágrimas surjan al escuchar una historia de amor que me cautiva. Es permitirme llorar ante una bella canción.

Es fácil ver cuando alguien aún se asombra, porque llora en un concierto, o ante el dolor del hermano. Sin embargo, el que está al lado, lo analiza todo y critica hasta el más mínimo detalle. Nos asombramos cuando somos capaces de percibir lo que para otros es normal, y convertimos en extraordinario todo lo que hacemos.

Por lo tanto, la capacidad de asombro es una capacidad personal. Para mí está revelada en el libro de Eclesiastés.[1] Por ejemplo, dice: *"Además, a quien Dios le concede abundancia y riquezas, también le concede comer de ellas, y tomar su parte y disfrutar de sus afanes, pues esto es **don de Dios**".* Eclesiastés lo llama el don de Dios.

Es ahí donde está la diferencia. Tengo que entender que la capacidad de asombro es un don que viene de la mano de Dios, y mis ojos son abiertos para ver. Por ejemplo, la otra vez escuchaba el testimonio de alguien que tocaba la guitarra con los dedos de los pies. Alcanzó notoriedad; su nombre es Tony Meléndez. En un pequeño video que él grabó hace muchos años dice: "Muchas veces me preguntan, '¿Tony, qué es un milagro?'". Sus ojos se mojan, se le quiebra la voz y dice: "Cuando yo veo a alguien levantar una mano, yo veo un milagro".

Traigo este ejemplo para hacerle notar lo que significa tener intacta la capacidad de asombro. Aquí surge la pregunta para todos los que tenemos manos: ¿Cuándo fue la última vez que al levantar sus manos lloró de emoción porque las tenía?

Hace varios años tuve que hacer silencio por seis semanas porque tenía una afección en las cuerdas vocales, y la única forma de recuperarme era hacer silencio absoluto. Ahí aprecié mi voz y fui consciente de lo maravilloso que es hablar. Es tan fácil hablar que olvidamos medir lo asombroso y fácil que es comunicarse con palabras.

Bueno, esa capacidad de asombro es lo que trae realización en la vida. Ahí es donde uno puede apreciar más las cosas. Es donde uno se detiene a dar gracias por lo que come, por la cama donde duerme, y por el agua que llega a la ducha. Esa capacidad de asombro no podemos perderla.

Igualmente debemos tener intacta la capacidad de asombro por el futuro. Es lo que nos permite soñar despiertos. Dios le dijo a Abraham: *"Deja tu tierra, tus parientes y la casa de tu padre, y vete a la tierra que te mostraré"*.[2] Lo puso a soñar con el futuro y lo mantuvo anhelando el cumplimiento de lo prometido. ¿Cómo alimenta Dios la capacidad de asombro? Hablando a nuestro corazón los planes que tiene para nosotros.

En Génesis 15 Dios saca a Abraham de la tienda y lo pone a contar estrellas, porque quiere hacer crecer la capacidad de asombro en él.

> *Luego el Señor lo llevó afuera y le dijo: —Mira hacia el cielo y cuenta las estrellas, a ver si puedes. ¡Así de numerosa será tu descendencia! Abram creyó al Señor, y el Señor se lo reconoció como justicia. Además, le dijo: —Yo soy el Señor, que te hice salir de Ur de los caldeos para darte en posesión esta tierra.*[3]

Usted puede encontrar personas en el mismo lugar. Algunos están aburridos, otros se quejan, y otros protestan. Otros sonríen con la inocencia de vivirlo como si fuese la primera vez, y han estado ahí mil veces. Ellos tienen intacta la capacidad de asombro. Son los que no se acostumbran al beso, y a la caricia, sino que lo disfrutan como si fuera la primera vez.

La capacidad de asombro conduce al éxito. ¿Por qué? Porque quien no tiene la capacidad de asombro pierde la capacidad de ilusionarse. Pero quien tiene intacta la capacidad de asombro se mantiene saludando a lo lejos lo que Dios tiene para su vida. Tal y como lo describe el libro de Hebreos hablando de Abraham.

> *Por la fe Abraham, cuando fue llamado para ir a un lugar que más tarde recibiría como herencia, obedeció y salió sin saber a dónde iba. Por la fe se radicó como extranjero en la tierra prometida, y habitó en tiendas de campaña con Isaac y Jacob, herederos también de la misma promesa, porque esperaba la ciudad de cimientos sólidos, de la cual Dios es arquitecto y constructor. Por la fe Abraham, a pesar de su avanzada edad y de que Sara misma era estéril, recibió fuerza para tener hijos, porque consideró fiel al que le había hecho la promesa. Así que de este solo hombre, ya en decadencia, nacieron descendientes numerosos como las estrellas del cielo e incontables como la arena a la orilla del mar.* [4]

Dios trabaja con nosotros para aumentar nuestra fe, y mantiene intacta nuestra capacidad de asombro. Por esta razón, Jesús convierte a pescadores en discípulos capaces de cambiar el mundo entero.[5] No tiene nada que ver con la capacidad intelectual, con la posición, con la historia familiar, con nuestros errores. Es lo que nos invita a tener una confianza plena en Dios, y nos ayuda a mantener intacta nuestra capacidad de sorprendernos.

La capacidad de asombro es lo que trae realización en la vida.

El asombro…

+ Estimula la imaginación.
+ Nos permite valorar más el presente.
+ Genera expectativa por el futuro.
+ Es lo que nos permite soñar despiertos.
+ Conduce al éxito.
+ Es dejar que mi corazón llore frente a una canción.

Nos asombramos cuando somos capaces de percibir como extraordinario lo que para otros es normal.

10

HABLE INSPIRACIÓN

En la vida de nuestros hijos, no somos quienes firmamos la obra de arte terminada, pero como padres, somos quienes proponemos los colores que sirven de base por medio de nuestras palabras y enseñanzas.

—S.P.

*E*l amor crece cuando estamos presentes y compartimos palabras de afirmación. Todos anhelamos vivir en una familia en donde nos sintamos en la libertad de expresar nuestra opinión, donde el respeto reine, y sintamos la libertad para diferir, opinar, discutir y argumentar. Para llegar a este nivel de convivencia, se requiere tener sano el corazón, estar seguros que el amor que nos une es más fuerte que nuestras diferencias, y donde el compromiso es mayor que nuestras susceptibilidades.

Todos necesitamos confianza, y esta se alimenta cuando los demás nos inspiran y afirman. Por eso, aplauda los éxitos de sus hijos, y anímelos en los momentos difíciles. Utilice palabras de afirmación, y hágales saber que serán capaces de lograr lo que se han propuesto. Ellos necesitan toda nuestra confianza.

Las palabras crean imágenes en la mente de las personas. Somos capaces de imaginarnos siendo las personas que nos han dicho que somos. Al mismo tiempo, las palabras pueden producir temor, frustración y rechazo. Por este motivo, los padres debemos ser conscientes del poder que tienen las palabras en la vida de nuestros hijos y en la construcción de su futuro. El sabio Salomón reconoce el poder que tienen las palabras indicando que producen vida o muerte: *"En la lengua hay poder de vida y muerte; quienes la aman comerán de su fruto."* [1]

Para nuestros hijos, su primera fuente de inspiración para construir su identidad y personalidad se encuentra en casa. Ellos se definen a partir de las palabras de afirmación o de crítica, y a partir de nuestros gestos de amor o de rechazo. Debemos asumir la responsabilidad y el privilegio que Dios nos ha dado de influenciar el destino de nuestros hijos, y ser intencionales en las palabras que utilizamos.

Nuestras palabras les ayudan a construir su amor propio al expresarles aceptación y admiración con respecto a su apariencia, su personalidad y su inteligencia. No seremos quienes firmen la obra de arte terminada, pero como padres, somos quienes proponemos los colores que sirven de base por medio de nuestras palabras y enseñanzas.

> Nuestras palabras les ayudan a construir su amor propio al expresarles aceptación y admiración.

Nuestros niños perciben lo que significan para nosotros por medio de nuestra actitud, y por la forma en que nos comunicamos con ellos. Es necesario que nos sintamos orgullosos de ser los padres de nuestros hijos, y que ellos se sientan seguros de lo que significan para nosotros.

Siempre que nos comuniquemos con nuestros hijos debemos expresar amor, aceptación y admiración. Todas nuestras palabras y gestos tienen un significado profundo en la vida emocional de los hijos. Una cosa es dialogar con nuestros hijos, y otra es pasar el tiempo sermoneando y regañando. Es importante que corrijamos lo que está mal, pero es un imperativo crear espacios para dialogar donde se sientan escuchados, comprendidos y aceptados.

Nuestros hijos necesitan estímulo cuando hacen bien las cosas, reconocimiento cuando han logrado cambiar una conducta, o cuando han logrado un buen rendimiento académico. El estímulo o la gratificación pueden expresarse con palabras, obsequios, paseos y afecto.

Muchas veces, ellos necesitan la confianza y la libertad para expresar su enojo, su frustración y su tristeza. Cuando se es niño o adolescente, no es fácil comprender las emociones que se experimentan porque la vida está comenzando, y no se sabe descifrar bien lo que se siente. Es ahí donde nuestros hijos necesitan la confianza que logran las palabras de afirmación, el halago, la aceptación y la compañía de sus padres.

La comunicación no solo la compone la transmisión de conceptos a través de palabras. Nos comunicamos con la mirada, gestos, sonrisas, y afecto. Por eso, no basta solo que hablemos con ellos, sino que nos comuniquemos emocionalmente. Desde pequeños, nuestros hijos aprenden a leer nuestro lenguaje corporal. Perciben lo que significan para nosotros por medio de nuestra actitud, la expresión de nuestros ojos, el movimiento de nuestros hombros, y el tono de nuestra voz. Ellos pueden percibir e interpretar qué queremos decirles, por la forma en la que los miramos, o la expresión de nuestro rostro.

En algunos momentos de tensión, estrés, cansancio o enojo, podemos comunicarles crítica y descalificación con nuestro lenguaje corporal. Castigamos con el silencio o ignoramos sus voces, y aunque no hayan palabras, lo que el hijo escucha es: «Tú no existes», «No eres importante para mí». Todos nuestros gestos y miradas tienen un significado profundo en la vida emocional de nuestros hijos. Debemos procurar comunicarnos con nuestros hijos expresando amor, aceptación y admiración, no solo con palabras, sino con nuestro lenguaje no verbal y nuestras acciones.

> Nuestros gestos y miradas tienen un significado profundo en la vida emocional de nuestros hijos.

¿De dónde surge lo que hablamos?, ¿Por qué hablamos como lo hacemos con nuestros hijos? Normalmente lo hacemos porque lo aprendimos, porque así lo hicieron con nosotros cuando niños, o porque en algún momento alguien dañó nuestras emociones.

La bondad o la maldad guardada en el corazón van a dirigir la forma en que hablamos. Por la posición de autoridad, la cercanía y el exceso de confianza que tenemos con nuestros hijos, es que nos damos la licencia de hablar como lo hacemos. Por esta razón, tenemos que sanar nuestras emociones heridas y reflexionar en el daño que nos produjo la forma en que nos hablaron nuestros padres a nosotros. Hay que sanar el corazón para poder hablar bien a nuestros hijos.

El diálogo es el espacio propicio para expresar sentimientos y pensamientos, pero a la vez se exteriorizan opiniones sobre temas importantes para la vida de los hijos. Quizás para nuestros hijos no es fácil entablar un diálogo con nosotros, porque generalmente queremos aconsejarles y tendemos a regañarlos, en lugar de escuchar lo que ellos quieren decir. El diálogo se logra dar en tanto los hijos se sientan seguros y respetados. Es a través del diálogo donde las personas desarrollamos tolerancia y la habilidad de escuchar.

> Para que nuestra comunicación sea efectiva con nuestros hijos, necesitamos ser concretos, claros y sencillos.

Una tendencia de los adultos es comunicarnos de forma abstracta. Queremos que sepan algo, pero no se lo decimos de forma explícita, sino a través de actitudes, miradas o mensajes evasivos, ambiguos e imprecisos. Esto puede traer confusión y desconcierto. Solicitemos a nuestros hijos que nos retroalimenten para saber si nos estamos comunicando correctamente, y si estamos alcanzando el objetivo deseado. Esto implica también que debemos desarrollar la habilidad de escuchar sin juzgar, criticar y mucho menos descalificar.

Cuando hablamos bien a nuestros hijos, les estamos transmitiendo aceptación y les añadimos el valor y la confianza necesaria para impulsarlos hacia una vida de éxito y realización personal. Pero a la vez, les estamos añadiendo la fe y la esperanza que se necesitan para levantarse en medio de los momentos difíciles.

Lo que nuestros hijos necesitan escuchar todos los días

Entre las muchas palabras que debemos decirles a nuestros hijos todos los días, estas son algunas que nunca deben faltar:

+ **Te amo.** Nuestros hijos necesitan escuchar todos los días que son amados. Esto les transmite la seguridad necesaria para crecer saludablemente.

+ **Me gusta mucho como eres.** Esto les transmite aceptación y les provee confianza.

+ **Me siento orgulloso de ser tu padre/madre.** Nada hace sentir más seguro a un niño que el saber que sus padres se sienten orgullosos de él.

+ **Me siento feliz de ser tu padre/madre.** Para el niño es importante saber que él es fuente de felicidad y de alegría para su familia.

+ **Eres único y especial.** Nuestros hijos necesitan saber que son diferentes; poseen cualidades particulares que les identifican y les hacen ser personas únicas. Es la mejor forma de ayudarles a trabajar con su proceso de autoconocimiento y aceptación.

+ **Me gusta mucho lo que haces.** Todos necesitamos saber que lo que hacemos, decimos o creamos es agradable para alguien más, principalmente para nuestros padres.

+ **Todos los días pido a Dios que te guarde y te bendiga.** Cada día tome tiempo para pedir a Dios por sus hijos. Hágalo en privado y sobre todo cuando esté con ellos. Haga que ellos le escuchen dar gracias a Dios por tenerlos como sus hijos. Que le escuchen orar cuando ellos enfrenten algún momento difícil, y que le escuchen dar gracias cuando logren buenos resultados. Los padres y los hijos se acercan cuando oran el uno por el otro.

+ **Confío plenamente en ti.** La confianza provee seguridad, y permite que nuestros hijos crezcan sintiéndose responsables del dinero que administran, las responsabilidades que les confían y las decisiones que toman.

Cuando era niño, mis padres nos permitían asumir responsabilidades en el pequeño negocio en el que crecimos. Este gesto preparó a mis hermanos y a mí para lo que hacemos ahora como adultos. Nos mostraban confianza cuando nos dejaban al frente del negocio, o nos delegaban varias responsabilidades. Siempre que mis hermanos y yo estamos juntos, recordamos esos momentos con agrado. Aun al cumplir la mayoría de edad, nos llevaban a firmar en las cuentas bancarias del negocio.

Este nivel de confianza solo puede depositarse en hijos en los que hemos invertido tiempo, y les hemos permitido caminar a nuestro lado. Hoy mis hijos cuentan con la misma confianza que tuvieron mis padres conmigo. Por eso afirmo que el éxito no es cuestión de suerte. Es camino recorrido, legado que se construye paso a paso, y una marca que se transmite de padres a hijos. Si no tuvimos cuando niños esta experiencia con nuestros padres, nos toca iniciar a nosotros con nuestros hijos, y construir un nuevo camino.

+ **Eres capaz, lo puedes hacer muy bien.** Muchas veces nos sentimos desanimados cuando enfrentamos retos, y principalmente los niños cuando están frente a un nuevo desafío. Ellos necesitan afirmación y ánimo para seguir intentando, y lograr perseverar. Cuénteles cómo lo han logrado otros, investigue con ellos la forma en que se realiza lo que están intentando y, cuando lo logren, celébrelo junto a ellos.

Nuestros hijos absorben todo lo que decimos. Cada frase que expresamos daña o edifica, anima o desanima, fortalece o les resta valor. Por eso, debemos decidir que todo lo que digamos va a iluminar sus días con fe, ánimo y esperanza. Ellos creerán todo lo que les expresemos diariamente.

El peso de las palabras

Para algunos adultos es fácil no prestar tanto cuidado e importancia a las palabras que expresamos cuando estamos enojados, frustrados o deprimidos. Pensamos que nuestros hijos comprenderán que lo que dijimos fue algo circunstancial, pero lo que ignoramos es el peso emocional que tienen en nuestros hijos.

Para desarrollar niños positivos, es necesario comprender el valor que tienen las palabras, y ser consciente de su efecto. El significado de las palabras, el tono y la actitud con la que nos dirigimos a los niños les define el valor que tienen. Por lo tanto, es importante revisar constantemente estos aspectos cuando nos comunicamos con ellos. De esta forma conoceremos si estamos construyendo sus vidas o si las estamos lastimando.

Para ilustrarlo, le transcribo lo que han dicho algunos jóvenes con respecto a los recuerdos que vienen a sus mentes cuando piensan en su niñez. Estos recuerdos han marcado sus vidas.

Recuerdos negativos:

* Me gritaron sin razón alguna.

* Dijeron que mi opinión no era importante.

* Constantemente señalaban mis debilidades y fallas.

* Nunca me dijeron "te amo", ni me demostraron afecto.

* Nunca me dieron las gracias por lo que hacía.

* Me regañaban constantemente y muchas veces sin razón alguna.

* No me consideraban como una persona que sentía, pensaba y quería opinar. Solo veían mis errores y no valoraban mis logros.

* Mi papá y mi mamá se gritaban entre sí, y eso me hacía sentir mal.

* Utilizaban malas palabras cuando se enojaban conmigo.

* Muchas veces decían "NO" sin darme una razón.

* Nunca me elogiaban, y hacían comentarios sarcásticos sobre mí.

* Se reían de mis sueños y me ridiculizaban delante de mis amigos.

* No me prestaban atención cuando les hablaba.

* Mi padre menospreciaba a mi madre frente a otras personas, y eso me dolía.

* Me comparaban con mi hermano y no me gustaba.

* Me consideraban incapaz. Decían que yo era un fracasado. Eso duele.

El lenguaje abusivo destruye el amor propio, resta libertad a la hora de actuar, menoscaba el valor de la persona, genera complejos, y hace que los niños y jóvenes se aparten de los demás y se encierren en sí mismos para protegerse. Las palabras negativas se recuerdan por mucho tiempo, principalmente las que vienen de los padres, porque llevan una carga emocional extra. Son como espinas que pueden lastimar el valor que todos tenemos como personas.

> Las palabras negativas se recuerdan por mucho tiempo, principalmente las que vienen de los padres, porque llevan una carga emocional extra.

En ocasiones, el adulto toma en poco las palabras que dice al niño bajo los efectos del enojo o en broma, mientras los niños piensan que eso es lo que verdaderamente sentimos por ellos. Podemos evitar esos malos ratos para los niños tomando conciencia de nuestras actitudes, modificando nuestras reacciones, y disculpándonos cuando no lo hemos hecho bien.

Lastimamos a nuestros hijos:

+ Proporcionando un ambiente familiar lleno de pleitos, gritos y alcoholismo.
+ Agrediendo de forma física, verbal y psicológica al niño.
+ No dedicando tiempo para hablar con ellos.
+ No atendiendo sus necesidades personales.
+ Haciendo promesas que nunca se cumplirán.

Recuerdos positivos:

También he escuchado la expresión de hijos que en sus hogares han sido estimulados con palabras de afirmación. Ellos se expresan así:

+ Mis padres tomaban tiempo para escucharme.
+ Me agradaba cuando me abrazaban, y me permitían explicar mi punto de vista.
+ Cuando discutían cuidaban su tono de voz.
+ Mis padres solían destacar los rasgos positivos de nuestra forma de ser.
+ Sabían admitir cuando se equivocaban y solían decir: "lo siento".
+ Sentía que mis padres me amaban cuando se amaban entre ellos.
+ Eran amigos de nuestros amigos, y eso me agradaba.

- Me ayudaban a pensar cuando debía tomar decisiones.

- Hablaban abiertamente acerca de sexualidad y me ayudaban a establecer límites al respecto.

- Mis padres muchas veces pedían mi opinión, y eso me hacía sentir importante.

- Mi padre tiene un gran sentido del humor, pero nunca nos utilizó como blanco de sus bromas.

- Mis padres siempre me dicen que yo soy un buen amigo y eso me hace sentir muy bien.

- Mamá y papá suelen dejarme notas donde dicen que me aman y que valgo mucho para ellos.

- Mis padres siempre me explicaban la razón por la que me estaban disciplinando.

- Mis padres han sido un buen ejemplo para mí.

- Nunca se mostraron como si fueran perfectos, y supieron cómo identificarse con nosotros.

- Nunca me compararon con mi hermano, y eso es muy importante para mí.

- Mis padres siempre dijeron algo positivo de mí, aun en mi ausencia.

- Mis padres dejaron de usar un sobrenombre que realmente me hería.

- Me gusta cuando me dicen "te amo"; me hacen sentir seguro.

Las palabras positivas definitivamente nos hacen sentir aceptados, seguros, desarrollan confianza, elevan la estima, forjan el carácter y pueden marcar un destino.

Los padres favorecen la comunicación con sus hijos cuando:

- Demuestran que entienden y aceptan los sentimientos de sus hijos, y lo que quieren decir.

+ Se muestran abiertos para que el niño y el joven puedan expresar libremente sus pensamientos y sentimientos.

+ Logran manejar su enojo ante los errores cometidos por sus hijos, haciéndoles ver de forma tranquila y amorosa que su comportamiento es inadecuado.

+ Expresan afecto mientras dialogan con el niño.

+ Se toman el tiempo necesario para escuchar a sus hijos sin interrupciones.

+ Se evita censurar, juzgar o culpar a los hijos por su conducta.

Lo que se dice al levantarse, en la mesa, de camino a la escuela y en el diario vivir, son las palabras más importantes y las que siempre se recuerdan. Porque es lo que se hace costumbre en nuestro diálogo cotidiano.

Llega el momento en el que nuestros hijos crecen, y nos recuerdan que valoran lo que hablamos con ellos. Muchas veces nos recuerdan cosas que no imaginamos que impactaron sus vidas, pero para ellos fue significativo. Mi hijo Esteban, en su adolescencia, me escribió:

Papá, te agradezco por cada consejo sabio que me has dado. Me has dejado equivocarme, de tal manera que yo aprendiera las lecciones que debemos aprender al inicio. Como aquella vez que me dijeron que la reunión con mis amigos en casa duró 3 horas y que había sido demasiado tiempo porque los padres les esperaban afuera. Pero, aun así, ustedes no interfirieron en ese momento, y hasta después me explicaron que se trata de respetar el tiempo de los muchachos y de los padres que vienen por ellos. Pero también sé que mamá y tú me han enseñado cosas esenciales en las que me han ayudado a no tropezar fuerte. Como el saber que las personas son diferentes y que tienen estilos de liderazgo diferente y, así, no pensar que todos deberían ser como yo. Te amo, 'pa'. Gracias por tus enseñanzas. Las recordaré por siempre.

Tu hijo,
Esteban

Dios nos ayude a dejar marcas en la vida de nuestros hijos, de tal manera que les permita alcanzar el desarrollo de su potencial mientras crecen.

> El diálogo acompañado de afecto
> tiene un impacto impresionante en el corazón
> de los hijos.

Por eso, abrace, acaricie y sonría con sus hijos. Construya imágenes mentales fuertes en sus hijos; haga que se sientan aceptados, admirados, amados y respetados. Escuche a sus hijos, tome tiempo para dialogar con ellos, porque se ha demostrado que más del 80% de la comunicación en la casa es utilizada solo para dar órdenes o regañar. Escucharlos hace sentir importantes y amados a sus hijos.

"Papá, no me regañes, enséñame"

Cuando mi hijo Esteban era solamente un pre-adolescente me dijo: "Papá, no me regañes, enséñame". Sentí un profundo dolor por lo que estaba escuchando, y me disculpé con él. Hasta ese momento pensaba que lo estaba instruyendo. Sin embargo, mi hijo no lo percibía de esa manera. Después de analizar la situación, me senté a dialogar con él y luego de escuchar lo que me decía, comprendí que la mayoría de las veces que pretendía instruirlo, o corregirlo, lo lastimaba y lo estaba subestimando. En realidad, estaba lejos de dejar una buena enseñanza en él, porque él se sentía simplemente regañado.

Esteban me explicaba que el consejo que trataba de trasmitirle no era el problema; lo que le molestaba era mi tono de voz y la forma en que me dirigía a él. Esteban me estaba tratando de decir: "Soy inteligente y quiero aprender, pero la forma en que me corriges y me tratas de enseñar, me duele y me lastima. Podrías decirlo de una forma diferente, porque sé que me amas y yo también te amo".

Me pregunto, ¿cuántas veces nuestros hijos quieren irse de casa porque al pasar los años, lo que han percibido no es nuestro deseo de enseñarles con amor, sino un afán por lastimar y subestimar? Lejos estamos de instruir si lo que hacemos es simplemente regañar. Sin embargo, ¿cómo es posible que esta mala interpretación se dé con tanta frecuencia? ¿Acaso no es cierto que la mayoría de nosotros los padres daríamos la vida o moriríamos por nuestros hijos?

La paradoja es que, aunque esto es una realidad, no muchos están dispuestos a vivir por sus hijos. Y es que vivir por los hijos significa medir cada paso, acción y reacción, e inclusive las palabras con las que nos comunicamos con ellos, en función de su bienestar. Además, vivir por los hijos es asumir la responsabilidad y el compromiso de generar una relación interpersonal, y una dinámica familiar que les proporcione la mayor cantidad de posibilidades para desarrollarse en su totalidad, de una forma sana y plena.

> **Vivir por los hijos es medir cada paso, acción y palabras para su bienestar.**

Nuestro hogar debe ser un lugar al que nuestros hijos deseen regresar cuando están lejos. Un hogar en el que, sin importar las circunstancias, sepan que serán respetados, apreciados, aceptados y amados. Sin embargo, muchos hogares están plagados de gritos, pleitos y egoísmo, pero sé que podemos cambiar si nos lo proponemos.

La relación que desarrollamos con nuestros hijos requiere de esfuerzo, dedicación, compromiso, lealtad y, sobre todo, una gran dosis de respeto y consideración. Definitivamente, quien desea tener una excelente relación con sus hijos, tendrá que disculparse cuando lastime.

Ha llegado el momento de hacer un alto en el camino, y escuchar una vez más la frase:

Papá, mamá, no me regañes, enséñame. No me grites, edúcame. No me hables así, me ofendes. Me duele cuando simplemente me regañas; me estimulas cuando me escuchas, razonas conmigo, me corriges con respeto, y cuando te disculpas al ofenderme. Es lo que me permite admirarte más y hace que amarte sea más sencillo.

El Apóstol Pablo nos recuerda que nacimos para bendecir y edificar la vida de nuestros hijos. Nos invita a eliminar las palabras que dañan y sustituirlas por palabras de bendigan, inspiren y llenen sus vidas de fe, ilusión y esperanza.[2] Aún más nos recuerda que si lo hacemos, tendremos días felices. *"No devuelvan mal por mal ni insulto por insulto; más bien, bendigan, porque para esto fueron llamados, para heredar una bendición. En efecto, «el* que quiera amar la vida y gozar de días felices, que refrene su lengua de hablar el mal y sus labios de proferir engaños".[2]

Vivir por los hijos significa medir cada paso, acción y reacción,
y las palabras con las que nos comunicamos con ellos,
en función de su bienestar.

Recomendaciones prácticas para fortalecer la comunicación

1. Tome tiempo para contar buenas historias a los pequeños. Esto genera conexión y estimula la imaginación.

2. Deje de utilizar sobrenombres que descalifican.

3. Trate a sus hijos con amor, respeto y admiración.

4. Resalte continuamente sus habilidades con el fin de que logren una mejor aceptación de sus limitaciones.

5. No humille ni descalifique.

6. Jamás abuse físicamente de ellos.

7. Establezca reglas claras y acorde a la edad.

8. Dialogue con el propósito de reforzar las buenas conductas y explicar por qué no deben hacer ciertas cosas.

9. Establezca con sus hijos un contrato familiar fundamentado en el respeto, el diálogo, la consideración y la admiración mutua.

Éxito es camino recorrido, legado que se construye paso a paso,
una marca que se transmite de padres a hijos.

DIÁLOGO INCLUYE ESCUCHAR

Hoy, no solo hemos dejado de escuchar a los demás. Hemos dejado de escuchar el cantar de los pájaros, los ruidos de la ciudad, el llanto de un niño, y aun los sonidos del silencio que nos invitan a una profunda intimidad con Dios. —S.P.

*H*ablar sin escuchar, oír sin comprender, es como procurar hablar por el celular cuando lo tenemos apagado. Escuchar es prestar atención a nuestros hijos, detenernos para mirarlos a los ojos, sentir su corazón, y comprender lo que nos quieren decir.

Cuando nuestros hijos se comunican con nosotros, nos están transmitiendo una idea, un pensamiento, una opinión, un sentimiento, o nos narran una historia, y escuchamos cuando ponemos atención, nos emocionamos, y nos identificamos con lo que nos cuentan.

En una conversación, asumimos el rol de escuchar y a la vez de transmitir ideas, pensamientos y emociones. Este proceso es rico cuando aprendemos a escuchar y a opinar, pero no tiene el mejor efecto cuando solo queremos ser escuchados.

Es más fácil transmitir lo que pensamos que prestar atención a lo que nuestros hijos nos están diciendo, porque normalmente estamos ocupados y pensando en otras cosas. Por eso, deténgase cuando sus hijos le hablan.

Deténgase cuando sus hijos le hablan.

Expresarnos es una necesidad que todos los seres humanos tenemos. Pero escuchar es una habilidad que se aprende, y se desarrolla de acuerdo a la importancia y respeto que le otorguemos a los que están a nuestro alrededor. Escuchamos cuando tenemos una actitud receptiva y abierta que nos permite captar sin prejuicio lo que se nos está tratando de trasmitir.

Muchas veces en casa hablamos mucho, pero escuchamos poco, y nos perdemos el privilegio de crecer a partir de la experiencia de ellos, del honor de estar cerca de su corazón, y de la oportunidad de compartir su alegría, su inocencia o su dolor.

Cuando interrumpo a mi hijo que me habla, le estoy dando algunos mensajes negativos:

1. "No te estaba escuchando, estaba pensando en lo que tengo que hacer".

2. "En lugar de escucharte, estaba pensando en lo que yo tenía que decir", o "No valoro tu opinión."

3. "Pienso que lo que tengo que decir es más importante que lo que estás expresando".

Cuando escuchamos a nuestros hijos, les estamos aliviando la carga emocional que llevan, les ayudamos a aclarar su pensamiento y sobre todo, nos acercamos a ellos. Al escuchar, podemos ver el mundo desde otra perspectiva. Es aprender a ver lo que ocurre a través de los ojos de nuestros hijos. Debemos estar 100% atentos a lo que se nos está diciendo, no solo con las palabras, sino también con las formas de expresión, como son los gestos o el tono de voz. Al estar atentos a este lenguaje que va más allá de las palabras, reafirmamos a nuestros hijos, y les indicamos que tienen nuestro aprecio.

La necesidad de sentirse escuchado es intrínseca en cada ser humano, y principalmente es importante para nuestros hijos, porque para ellos somos las personas más importantes que existen. Todos necesitamos sentir que le importamos a alguien, y esto se experimenta siendo escuchados.

Escuchar es todo un arte que hay que aprender y cultivar.

Uno de los problemas que enfrentamos actualmente es que, a pesar de que contamos con más tecnología para comunicarnos al instante, hemos perdido la habilidad para escucharnos unos a otros porque estamos muy distraídos. Hoy no solo hemos dejado de escuchar a los demás, sino que también hemos dejado de escuchar el cantar de los pájaros, las olas golpear la orilla de la playa, la lluvia caer, la sonrisa de los niños, y aun en quietud la música que late en nuestro corazón. Hoy tenemos más televisores, celulares, radios y computadoras, pero menos comunicación con la familia.

Como seres humanos somos independientes, pero tenemos la necesidad fundamental de pertenecer, de ser parte de un grupo social que nos acepte como somos, que nos valore y nos respete; un grupo que sea nuestro refugio emocional. Todos necesitamos pertenecer, y en este pertenecer, sabernos escuchados. Es esta relación la que permite que nuestros hijos encuentren identidad, seguridad y confianza.

Para poder escuchar a nuestros hijos debemos desarrollar la habilidad de ser empáticos, lo que nos permite comprender lo que están tratando de decir, lo que nos ayuda a identificarnos con sus sentimientos, y a mostrar interés en lo que están viviendo.

El respeto, la comprensión y la tolerancia están estrechamente relacionados con la capacidad de escuchar. Por eso nuestros hijos se sienten respetados cuando nos detenemos a escucharles.

Escuchar significa:

+ Prestar atención sin interrumpir.

+ Interesarme con sinceridad.

+ Valorar la oportunidad de sentirnos cerca.

+ Reconocer la importancia del momento.

+ Emocionarse con la conversación.

+ Una expresión de aprecio.

Por qué es importante escuchar:

+ Nos acerca a nuestros hijos.

+ Ellos se sienten valorados, amados, aceptados y apreciados.

+ Ellos se sienten cómodos al expresar lo que piensan y sienten.

+ Le comunico a mis hijos que me interesan.

+ Eleva el ánimo y fortalece el espíritu

¿Qué afecta la comunicación?

+ No escuchar lo que nuestros hijos están expresando.

+ Subestimar sus sentimientos.

+ Mostrar poco interés.

+ Hablar por hablar.

+ Dedicar poco tiempo para dialogar.

+ Interpretar sin escuchar.

+ Reaccionar con regaños.

+ Ser intolerante o intimidar.

La actitud correcta al escuchar:

+ Mire a los ojos mientras sus hijos hablan.

+ No interrumpa a sus hijos mientras hablan.

+ Exprese interés en el tema.

+ Brinde el tiempo necesario para que el diálogo fluya tranquilamente.

> Oímos, pero no comprendemos; damos
> instrucciones, pero no nos comunicamos.

La relación con nuestros hijos crece cuando nos damos la oportunidad de escucharlos, aclarar la información, y reafirmar su personalidad. Pero, sobre todo, los afirmamos y los impulsamos a que logren el éxito en lo que emprendan. Usted se convierte en el mejor papá o mamá del mundo, cuando toma tiempo para escuchar con atención, y le hace saber a su hijo que es importante para usted.

Escuchar es aprender a ver lo que ocurre,
a través de los ojos de nuestros hijos.

Secretos al escuchar:

+ Escuche sin juzgar.

+ Permítale a sus hijos hablar hasta que aclaren su pensamiento y encuentren las palabras apropiadas.

+ Haga preguntas sobre el tema.

+ Escuche lo que sus hijos expresan, pero sobre todo, escuche lo que sienten.

+ Dé espacio a los silencios y a la reflexión.

+ Identifíquese con los sentimientos de sus hijos y no los subestime. Por eso, nunca diga: "Eso no es nada", "¿Cómo vas a sufrir por eso tan insignificante?", "Yo sí tengo problemas".

Cuando escuchamos a nuestros hijos, los impulsamos a lograr el éxito
en lo que emprendan.

MODELE LOS VALORES

Los valores son como los rieles que nos permiten realizar con acierto el viaje de la vida. Es esa carretera sobre la que se construye nuestra vida, los enunciados que nos guían para cumplir con éxito la misión que se nos ha confiado. Son los faros, las directrices que guían la conducta humana, las bases sobre las cuales sustentamos nuestro proyecto de vida.
—S.P.

No era fácil ver a Daniel a sus quince años con su rostro entre sus piernas cuando estábamos en la iglesia. Parecía distraído, y que no estaba poniendo atención. Por más que insistíamos en pedirle que tuviera una buena postura, él insistía en decir que estaba poniendo atención. Transformar lo espiritual en religión es fácil. Esto se logra cuando convertimos a Dios en una obligación, una imposición, o cuando lo vivimos como rito, y no como una vivencia personal. Por eso hoy, cuando veo a mis hijos crecer, le puedo decir que Daniel tenía razón. Él estaba poniendo atención, y el respeto que le dimos le permitió pasar los desiertos hasta encontrarse cara a cara con Dios. No desista en amar a Dios. En silencio, sus hijos lo observan. Y la mejor manera de enseñarles a sus hijos a amar a Dios, es amándolo usted.

Paralelo al desarrollo físico y emocional, es responsabilidad de los padres y madres procurar el desarrollo espiritual de los hijos. En este sentido, el principal elemento es la enseñanza de principios y valores que les ayudarán a tomar las decisiones correctas en su caminar por la vida.

Principios como el respeto por la vida humana, la igualdad entre todos los seres humanos, y el ejercicio de la libertad en función del respeto a nuestros semejantes, conjuntamente con valores como la humildad, la tolerancia, el respeto, la empatía, la honestidad y la solidaridad, son ejemplo de los principios y valores que debemos inculcar en nuestros hijos e hijas a fin de desarrollar el área espiritual.

Sin embargo, debemos reconocer que estos principios y valores no se enseñan a través de explicaciones interminables o discursos filosóficos, sino a través del ejemplo que en nuestro diario vivir les damos. Pero, sobre todo, nuestros hijos necesitan encontrarse con Dios personalmente, y esto lo logramos cuando ellos nos ven amar a Dios, y seguirle genuinamente.

Con justa razón decía Salomón en su profunda sabiduría que los hijos son la más grande bendición de Dios. Aprendamos a valorar este inmenso tesoro, y decidamos hoy ayudarles a construir un futuro exitoso como hombres y mujeres de bien. Solo así seremos capaces de dejarles un legado que perdure por generaciones.

Procuramos el desarrollo espiritual de nuestros hijos e hijas a través de:

+ Moldear a través de nuestro ejemplo los principios y valores que les potencien a tomar las decisiones correctas en la vida; valores como integridad, fidelidad, sinceridad, humildad de espíritu, autodisciplina y dominio propio.

+ Estimularles a tener una experiencia personal con Dios.

Las decisiones que tomamos impactan directamente las vidas de las personas que más amamos, y las que en silencio seguirán nuestros pasos.

¿Qué es lo mejor que puedo hacer por mis hijos? Acompañarles mientras crecen, fortalecer su fe, animarlos cuando enfrenten la adversidad, y felicitarlos cuando alcancen sus metas.

Todo esto se reduciría a un simple esfuerzo humano si nosotros no sembramos el amor a Dios en el corazón de nuestros hijos. Él es el que nos afirma en momentos de debilidad; el brazo fuerte que nos sostiene cuando nuestras fuerzas desfallecen. Dios es la estrella del norte que posibilita la dirección correcta en la vida. Para que nuestros hijos lo conozcan, es necesario que nosotros lo conozcamos primero. Ellos no amarán a Dios si no ven primero que nosotros lo amamos.

Sabremos que hemos sido eficaces en nuestro trabajo de transmitir valores a nuestros hijos, cuando descubramos que ellos mismos modelan para otros los mismos valores que nosotros les inculcamos. De aquí a cincuenta años, no será importante el modelo de automóvil que usted conduce hoy, el tipo de casa en la que vive, cuánto dinero tenga en sus cuentas bancarias, ni la clase de ropa que usted viste. Sin embargo, sus hijos construirán un mundo mejor si invertimos tiempo en sembrar valores cristianos en sus vidas. Los valores son la huella que las personas que amamos y admiramos han dejado en nuestras vidas. Transmitirlos a nuestros hijos es uno de los grandes desafíos que nos presenta la vocación de padres.

> Los valores son la huella que las personas que amamos y admiramos han dejado en nuestras vidas.

Quisiera guiarle en un recorrido que puede ayudarnos a enfrentar el reto de formar en nuestros hijos los valores esenciales para que enfrenten airosos los desafíos que la vida les presentará.

En asuntos de familia nadie es realmente experto. Más bien, todos somos caminantes que inspiramos a nuestros hijos con las herramientas que tenemos. La celebración merecida a una labor cuidadosamente realizada se dará al final de la carrera, cuando los observemos superar los desafíos, recorrer el camino con alegría, y alcanzar con buen éxito los objetivos que se han propuesto. Entonces, veremos claramente el fruto de nuestra inversión en la vida de nuestros hijos, como el día en que entreguemos a nuestra hija o a nuestro hijo en el altar, y podamos confesarles: "Desde que naciste, te preparé para este momento".

El impacto del ejemplo

Los niños no aprenden los valores por medio de largos discursos de sus padres, sino por lo que captan de ellos en la forma como hablan, actúan y viven. He preguntado a algunos jóvenes qué han visto en sus padres que consideran poco agradable, y, casi sin excepción, la respuesta es la misma: "No nos gusta cuando nos sermonean". Si usted le anuncia a su hijo: "Es tiempo de aprender valores, así que siéntate aquí para que platiquemos", le garantizo que en ese mismo momento se desconectará.

Enseñamos valores mientras caminamos con ellos, conversamos casualmente de temas de su interés y sobre todo, mientras nos observan en silencio.

Escuché que un niño a sus cuatro años le dijo a su padre: "¡Papá, un día seré como tú!". ¿Se imagina la mirada del padre? La expresión de asombro que pudo tener. Su pequeño le estaba diciendo que en silencio lo observa, y lo admira tanto que un día actuará como él lo hace. La mejor forma de guiar nuestros hijos al éxito es viviéndolo, porque aprenden de nosotros, y se inspiran en lo que observan.

Si usted me pide una razón por la que debemos vivir los valores que pretendemos enseñar a nuestros hijos es porque ellos, en silencio, nos anuncian: "Un día... yo seré como tú". ¿Quiere saber cómo serán sus hijos cuando crezcan? Solo basta con observarse en el espejo, porque al crecer se parecerán a nosotros. ¿Por qué es importante cuidar nuestro estilo de vida? Porque cierto día, ellos no serán el discurso que hemos dicho, sino la vida que hemos vivido. No serán el fruto de las palabras que oyeron, sino de todo lo que percibieron.

> Ellos no serán el discurso que hemos dicho,
> sino la vida que hemos vivido.

Ningún discurso es más fuerte que el ejemplo. El otro día Esteban escribió a Helen unas palabras muy significativas sobre ella. En ellas puedo ver el impacto que tiene en nuestros hijos el ejemplo que les damos.

Ella siempre está pendiente de casi todo (por no decir que TODO). Siempre está pendiente de servir a los demás, comenzando por su propia familia. Hace 2 años y medio le decía a mi mamá que yo quiero una esposa con las virtudes de ella. Es una mujer que ha sabido manejar las cosas difíciles con un carácter valiente, pero frágil a la vez. En medio de todo esto, Cristo es el centro de su vida, y eso es lo que la ha hecho ser una gran y preciosa mamá, porque ha llegado a amar a escalas gigantescas. ¡Te amo, ma!.

Tu hijo, Esteban.

El significado de un valor

¿Qué es un valor? Un valor es una convicción profunda, una verdad abrazada en el corazón y atesorada en la mente, algo que nos pertenece porque lo hemos elegido. Los valores son como los rieles que nos permiten realizar con acierto el viaje de la vida. Es esa carretera sobre la que se construye nuestra vida; los enunciados que nos guían para cumplir con éxito la misión que se nos ha confiado. Son los faros, las directrices que guían la conducta humana, las bases sobre las cuales sustentamos nuestro proyecto de vida. Por eso en casa, los valores que sostienen la familia deben estar bien definidos, por ejemplo: "En esta casa hablamos con la verdad, trabajamos con pasión, nos respetamos los unos a los otros, y nos esforzamos por alcanzar lo que soñamos". Esto debe estar claro para todos los miembros de la familia, porque les indica por dónde caminar.

> Los valores son como los rieles que nos permiten realizar con acierto el viaje de la vida.

Las características sobresalientes de los valores son su universalidad e intemporalidad. Pueden ser aplicados siempre, en cualquier lugar y momento. Son ideales que influyen en nuestra manera de ser, y que inspiran nuestro comportamiento, por lo que facilitan que nos realicemos como personas. Pero a la vez, es la carretera que construimos para que nuestros hijos la recorran para alcanzar su propio éxito.

Si me preguntan qué tan importantes son los valores en la vida de nuestros hijos, le respondería que ninguna persona construye una casa sin fundamento, ni echa a andar una locomotora sin rieles. Esta es la razón por la que vale la pena invertir tiempo y esfuerzo para instruir valores en nuestros hijos, pues por ellos obtienen las convicciones que marcarán su vida, señalando con claridad el destino al que desean llegar. Los valores se inspiran en los principios universales dictados por nuestro Dios. Por esta razón, no mueren; permanecen, y se transmiten de generación en generación como un hermoso legado.

Las decisiones que nuestros hijos tomen al crecer están sustentadas en los valores que les enseñemos a abrazar en su propia vida. Por eso es importante que el cimiento sea profundo, para que el proyecto de vida sea elevado y extenso. Los valores van a guiar el desarrollo psicológico y moral de nuestros hijos. De ellos depende lo que el niño crea y sienta de sí mismo, y de los demás.

Cuando nuestros hijos tienen bien definidos los valores, y conocen lo valiosos que son para Dios y para sus padres, caminan con seguridad y confiadamente. Ellos necesitan saber que son personas creadas por Dios, que nacieron con un sentido de propósito y para cumplir una misión en la tierra. Deben saber que su dignidad radica en lo que son, y no en los atributos que posean, como la inteligencia, la estatura o la belleza. Cuando ellos hayan afirmado estos valores en su vida, serán capaces de cultivar relaciones interpersonales sanas, como también la capacidad de juzgar y valorar sus actos. Pero sobre todo, están construyendo un éxito duradero, y no serán engañados fácilmente por esta sociedad líquida y cambiante.

Leí el estudio publicado por una prestigiosa universidad en el que los jóvenes expresaban: "Algo que reclamamos de los adultos es que han renunciado a la responsabilidad de enseñarnos la diferencia entre el bien y el mal". No podemos darnos el lujo de que los niños crezcan sin un mentor que les muestre el camino. Ellos necesitan nuestra guía y orientación como padres. Muchas de nuestras decisiones como adultos resultan de lo que aprendimos siendo niños. Esta verdad despierta nuestra conciencia de que los primeros años de vida son esenciales en la formación de valores.

> **Los valores no se imponen, sino que se modelan.**

Educar en valores no es imponer. Yo no puedo imponerle a mi hijo que crea lo que yo creo, ni puedo exigirle que ame a Dios porque yo amo a Dios. Él amará a Dios porque ve que yo amo a Dios. Yo no puedo simplemente decirle a él que no mienta, pues elegirá no mentir al aprender el valor de la honestidad. Educar es inspirar un espíritu libre, capacitado para juzgar la vida por sí mismo. Si quiere estropear la oportunidad de desarrollar en su hijo la capacidad de creer en sí mismo, simplemente enséñelo a ser dependiente, hágalo usted todo, decida en todo, y no le conceda ninguna participación en el proceso de aprendizaje. Pero si le concede amplia libertad para que participe plenamente en ese proceso, tendrá oportunidad de desarrollar valores que le permitirán transitar por la vida con gran acierto.

Por esto afirmo quelos valores no se imponen, sino que se modelan. Todos los días, el niño o la niña los incorpora a su vida por lo que ve y escucha. "¡Qué bien portado es tu hijo! No interrumpe mientras nosotros conversamos", podría decirme algún amigo. "No", le respondería yo, "lo importante no es que guarde silencio, sino que está escuchando lo que ustedes y yo hablamos". Ellos aprenden los valores mientras escuchan en silencio. Captan todo lo que perciben a su alrededor. Cuando van al lado nuestro en el auto y alguien nos insulta, nuestra respuesta les ofrecerá su mejor lección acerca de cómo resolver conflictos en la vida. Los valores, tal como es enseñado en Deuteronomio 6, se modelan en el diario vivir; cuando caminamos con ellos, al sentarnos en la mesa, al acostarlos, al levantarnos, en el auto, al resolver una diferencia, y en todas las vivencias cotidianas que tenemos en casa.

Contacto intenso

Los valores se aprenden mediante el contacto frecuente y prolongado con el modelo. Los hijos no podrán captar nuestros valores si no conviven con nosotros. Si nos esforzamos en enseñar valores fuera del marco de una relación afectiva, lo único que alcanzaremos será rebeldía. El aprendizaje de los valores necesita de una relación sincera que despierte confianza. Ellos deben saber que estamos disponibles cuando nos necesitan.

> El aprendizaje de los valores necesita de una relación sincera que despierte confianza.

El tiempo que usted invierta en sus hijos es lo que verdaderamente importa. El simple hecho de estar reunidos, reír y jugar juntos, de tomar un tiempo para hacer la tarea o los quehaceres domésticos en equipo rendirá mucho fruto. También podemos invitarlos a que nos acompañen a nuestro trabajo para que nos observen en acción. Lo que aquí se precisa es una perfecta combinación de calidad y cantidad de tiempo, en el que se brinde contacto físico, verbal y emocional.

Nuestros hijos necesitan nuestros abrazos y caricias, aunque ya sean más altos o tengan más cuerpo que nosotros. Dele a su hijo la oportunidad de escuchar que su amor hacia él es un amor que jamás dejará de existir ni menguará; que es incondicional por el simple hecho de ser su hijo o su hija.

En una ocasión me referí a esto en una conferencia, y, al terminar, se me acercó un caballero para preguntarme: "¿Cómo se abraza a un hijo?". Yo quedé atónito con su pregunta, y le pedí una explicación: "Disculpe usted… pero no comprendo lo que me está preguntando". Él me respondió: "Es que no sé abrazar, porque de niño nunca me abrazaron". Yo lo acerqué a mí, y lo rodeé con mis brazos. Mientras él lloraba, le dije: "Señor, así se abraza a un hijo, y después de la primera oportunidad, resultará cada vez más fácil". Un abrazo puede decir más que mil palabras.

Otra forma de enseñar valores es creando oportunidades para que ellos puedan observar cómo se comporta y reacciona el modelo en diferentes situaciones. Muchas veces ni siquiera nos damos cuenta de lo que estamos enseñando a nuestros hijos, pero ellos tienen sus ojos en nosotros todo el día. Usted enseña valores cuando resuelve un problema, hace frente a un conflicto, o se dedica a los asuntos más insignificantes en la casa o el trabajo. Esto demanda de usted una conducta coherente con los principios que enseña.

> Usted enseña valores cuando resuelve un problema, hace frente a un conflicto, o se dedica a los asuntos más insignificantes.

Cuando nuestros hijos perciben en nuestras vidas la existencia de notables contradicciones, comienzan a transitar por el camino de la rebelión. Nos desprecian, porque ven que nosotros les exigimos comportamientos y actitudes que en nuestra propia vida no estamos dispuestos a practicar. Un día nos mirarán a los ojos, levantarán la voz, y nos reclamarán: "Usted no tiene autoridad moral para decir lo que está diciendo". Si algún día nos pasa algo como esto, el camino acertado es el de la humildad. Pidamos perdón por la falta de congruencia en nuestra propia vida. No hay nada más bello y sanador que la humildad de un padre o una madre dispuestos a pedir perdón a sus hijos por los errores cometidos.

Otra vía para enseñar valores es el diálogo con nuestros hijos acerca de las experiencias vividas. Las mejores oportunidades para enseñar se presentan en el marco de la vida cotidiana, en conversaciones espontáneas, sin programación previa. Las enseñanzas se presentan en forma natural y constante, pues nadie aprende con experiencias aisladas. En el tema del sexo, por ejemplo, ¡no se puede hablar una sola vez! Debemos volver una y otra vez sobre el tema, abordándolo desde diferentes ángulos, y aprovechando diversas circunstancias. La repetición de la temática forma en nuestros hijos claros conceptos en cuanto a la naturaleza de la relación entre un hombre y una mujer.

Los valores se eligen entre varias opciones y al crecer, nuestros hijos tendrán que elegir por ellos mismos. Parte de este proceso de aprendizaje es enseñarles a nuestros niños cómo diferenciar entre lo bueno y lo malo, lo que conviene y no. Llegará el día en que saldrán de casa, y se enfrentarán a un mundo grande y amplio. Conocerán a personas que tienen valores distintos a los suyos. Entre tanta variedad tendrán que hacer su propia elección. Es en ese punto de su historia que nosotros, como padres, ya no podremos hacer nada por ellos. No obstante, si usted les ha enseñado a manejar su libertad con responsabilidad, puede confiar que acertarán en sus decisiones. Pero si el método que usted utilizó fue el de las prohibiciones sin explicaciones, no lo lograrán.

> Los niños no siempre nos escuchan,
> pero siempre nos van a imitar.

Los valores son las huellas que las mujeres y los hombres que hemos amado y admirado han dejado en nuestra vida. Si usted no deja esa huella en la vida de sus hijos, otra persona lo hará por usted. En el curso del tiempo nuestros hijos necesitan ver que en nosotros encuentran verdaderos amigos.

Daniel, mi hijo mayor, tenía 21 años en ese momento. Estaba realizando un viaje con un grupo de amigos, y sentí en mi corazón escribirle:

Daniel: Ayer estuve enseñando 'Sin Excusas'. Es un programa sobre sexualidad. Habla de la importancia de ver la sexualidad como parte de nuestro proyecto de vida, de consagrarla a Dios como algo hermoso, de vivirla en el tiempo correcto y con la persona correcta; donde no se tiene miedo, donde produce libertad, paz, y no surge el temor. Es decir, en el contexto del matrimonio. También expone sobre los peligros a los que se arriesgan los jóvenes cuando se dejan seducir y manipular por sus deseos; los que son alimentados con fascinaciones, imágenes, conversaciones y en ambientes dañinos. Te escribo esto en función de que estás entrando a una edad crucial para tu vida. Estás eligiendo tu futuro todos los días. Lo eliges cuando decides con quién andas, a dónde estás y qué haces.

En el libro de Génesis capítulo 13 se encuentra la historia de Lot. Cuando Lot y Abraham se separaron, Lot fue acercando sus tiendas cada vez más a Sodoma y Gomorra, un valle muy próspero, pero peligroso en extremo. Aunque Lot conservó sus convicciones, arriesgó todo el plan que Dios tenía para su vida, puso en peligro a sus hijas, perdió a su esposa, y Abraham tuvo que interceder por Lot ante Dios. En Génesis 13:12- 13 dice: "Abram se quedó a vivir en la tierra de Canaán, mientras que Lot se fue a vivir entre las ciudades del valle, estableciendo su campamento cerca de la ciudad de Sodoma. Los habitantes de Sodoma eran malvados y cometían muy graves pecados contra el Señor". Otra versión dice que fue acercando sus tiendas hasta llegar a vivir en Sodoma, en medio de ellos. De Lot no se escribe nada trascendental. Me parece que todo lo que Dios tenía para él no lo pudo ver porque la ambición y el ambiente lo apartaron del plan de Dios para su vida. Ten cuidado donde pones tus tiendas; ese lugar que hacemos nuestra habitación, donde elegimos vivir.

Siento en mi corazón advertirte que tengas cuidado, que debes tener cuidado con quién andas, en qué ambientes te mueves, porque sin darte cuenta podrían estar cambiando tu buena forma de pensar. Pablo advierte a Timoteo diciéndole: "No erréis: las malas conversaciones corrompen las buenas costumbres" (1 Corintios 15:33 RVR 1960). Ya eres un joven adulto, tomando tus propias decisiones, y eligiendo los caminos que vas a recorrer. Construir lo que Dios te ha dado: libertad, paz, un proyecto de vida, un buen futuro, visión y pasión por la vida, pueden verse arriesgados por no cuidar con quién andas, qué lugares frecuentas y en qué ambientes eliges estar. Apasiónate por descubrir lo que Dios tiene para vos. Pide a Dios que hable a tu corazón sobre tu futuro y tu presente.

Te amo y sé que Dios tiene cosas muy especiales para vos. Es un tiempo crucial. Aléjate de ambientes dañinos, de personas que no aportan nada bueno a tu vida, de personas que te pueden estar empujando sin darte cuenta a hacer cosas que podrían arriesgar todo lo que te ha costado construir: tu buena reputación, tu buen nombre, tus sueños, lo que tanto nos ha costado construir como familia y lo que Dios nos ha dado. Recuerda lo que Sansón perdió: su posición de líder, la admiración de todos, sus ojos, su fuerza, y su libertad. No vale la pena arriesgarlo todo por cosas y por personas que son pasajeras. Corre, Daniel, mientras aún es tiempo. Mi confianza es absoluta en vos y sé que eres especial, y firme en tus convicciones. Por eso, elige el camino de Abraham, el camino de la obediencia a Dios, de la herencia prometida. Escribe una historia que valga la pena contar, de la cual todos hablen, en la cual todos se inspiren. Solo hay que seguir leyendo Génesis 13 para ver a Dios hablar a Abraham donde le invita a levantar la vista para que vea todo lo que le tiene por heredad. Levanta la vista, observa lo que Dios tiene para vos, cuenta las estrellas del cielo y te darás cuenta que así de grandes son las bendiciones de Dios para tu vida.

Tu papá

Hay momentos donde todos los padres debemos escribir cartas nacidas del corazón, que adviertan el peligro y anuncien lo que Dios tiene para ellos.

Ningún discurso es más fuerte que el ejemplo.

La vida espiritual se desarrolla...

+ Moldeando principios y valores a través de nuestro ejemplo.

+ Estimulándoles a tener una experiencia personal con Dios.

Los valores se enseñan...

+ En el diálogo con nuestros hijos acerca de las experiencias vividas.

+ En el marco de la vida cotidiana, en conversaciones espontáneas.

+ Mientras ellos nos observan en silencio.

+ Con el ejemplo más que con el discurso.

+ Dentro de una relación sincera que despierte confianza.

Los valores forman la carretera que construimos para que nuestros hijos la recorran al alcanzar su propio éxito.

PAZ FINANCIERA

*E*steban, quien es mi hijo menor, a sus 24 años me sorprendió. Estaba haciendo planes para casarse y decidió comprar su apartamento. Bien podía pensar en un auto más nuevo, en una luna de miel más costosa, pero no. Él decidió que deseaba llevar a su esposa a la casa que estaba comprando y pensó en los hijos que traería al mundo. Para eso había ahorrado y nos presentó el plan de cómo comprarla. Bueno, terminamos ilusionados con él y decidimos respaldarle. Esteban y Daniel tienen paz financiera, porque saben que solo pueden comprar de contado, conocen el principio del ahorro y tienen un corazón agradecido.

Una de las lecciones de vida más importantes que debemos enseñar a nuestros hijos es cómo vivir con paz financiera. La segunda causa de problemas en los matrimonios es la administración financiera. Causa tensión entre nosotros, angustia, depresión y desesperación. Los problemas en el área financiera pueden llevar a la familia a un viaje de dolor interminable. Algunas personas hasta han terminado con su vida. Otras lo han perdido todo porque no fueron buenos mayordomos. Esto significa meter a nuestros hijos en problemas.

El otro día escuchaba a una joven de 19 años con lágrimas en sus ojos decir: "¿Por qué mis papás solo cometen errores financieros? Estoy triste de ver la angustia que ellos llevan. Y esto me da mucho dolor". Quiere decir eso que la falta de paz financiera en el hogar va a traer problemas serios. La mala administración financiera es una de las principales causas para el divorcio. Por eso uno tiene que aprender a resolver y a tener finanzas saludables.

La obligación de enseñar a los hijos sobre finanzas recae en los padres, en aquellos que están como cabezas de hogar. Nos toca a nosotros enseñarles los principios fundamentales para tener paz financiera, tales como:

+ Vivir dentro del presupuesto.

+ No gastar más de lo que debemos.

+ Mantener controlada nuestra ambición para tener un espíritu lleno de contentamiento.

+ No asumir deudas que van a comprometer nuestra paz financiera.

+ Nunca salir fiador de nadie.

Me da tanto dolor observar la angustia que viven muchas familias porque salieron fiadores de un hermano, de un tío, de un familiar o de un amigo. Nunca salga fiador de nadie.

+ Acostúmbrese a no comprar a crédito; compre de contado.

Estimule a que sus hijos ahorren para comprar las cosas.

Esto implica una disciplina de ahorro primero, para poder llegar a obtener las cosas después. Estimule a que sus hijos ahorren para comprar las cosas. Por ejemplo, Daniel quería una batería en su pre-adolescencia y le dijimos: "Eso es caro, por lo que, vamos a ahorrar usted y nosotros". Entonces él ahorró por un año; le enseñamos cómo hacerlo. Por ejemplo, el día de su cumpleaños él llamó a los tíos y a los abuelos, y les dijo: "No quiero regalos, quiero una batería, y lo que me van a dar dénmelo en efectivo". Le enseñamos a hacer algunos trabajos extra para que él ganara más dinero, y fue maravilloso verlo ahorrar. Él valoró la batería, y cuando ya se le pasó la fiebre de la batería, en lugar de desecharla, la vendió, ¿Por qué? Porque sabía cuánto costaba. Duró un año para ahorrar y comprar su batería, y esto le enseñó cómo se obtienen las cosas: con buen ahorro, con iniciativa, con creatividad y con trabajo.

Este es solo un ejemplo. Yo les enseñé de finanzas a mis hijos, primero enseñándoles los principios de una sana administración financiera. Ellos tenían derecho a una mesada y les enseñamos cómo manejarla. Les enseñamos a ofrendar, a diezmar, a ser generosos con el necesitado, y a tener contentamiento. Para mí eso era lo más importante; que ellos tuvieran contentamiento y gratitud por lo que Dios nos daba.

Les enseñamos a manejar la ambición; que nunca la ambición les robara la paz de su espíritu. También les enseñamos a esperar por lo que ellos querían. Cuando ellos querían algo, como un juego electrónico o un celular, les enseñamos a ahorrar para que ellos pudieran valorar más las cosas y aprendieran a esperar el tiempo necesario. Sobre todo, les enseñamos a compartir con los demás, y a no caer en la trampa del amor al dinero.

Yo puedo ver en ellos deseos de superación, querer tener su casa bonita, querer tener un auto, pero nunca los veo con una ambición que los lleva a comprometer su paz financiera. Han aprendido a vivir dentro de su presupuesto, y los enseñamos a confiar en Dios. Siempre desde que ellos eran niños les enseñamos que esto que estamos teniendo o que estamos viviendo es un regalo de Dios. Por ejemplo, si alguien nos invitaba a unas vacaciones a algún hotel hermoso, nosotros les hacíamos conciencia. No es porque lo merecemos; esto es un regalo de Dios.

Ellos siempre han visto que lo que tenemos viene de la mano de Dios. Y les enseñamos a tener contentamiento y gratitud.

Les hemos dicho constantemente: "Nunca salgan fiador de nadie. Nunca presten dinero a nadie. Cuando usted quiera prestar un dinero, pregúntese si puede regalarlo. Si usted puede regalar ese dinero, hágalo. Y si la otra persona se lo quiere pagar, bien. Pero nunca preste dinero a nadie".

He conocido a padres que no recibieron buena educación financiera y me preguntan cómo iniciar. Yo les recomiendo que comiencen leyendo un libro de finanzas, y se den la oportunidad de recobrar su paz financiera. Tenga un presupuesto, viva dentro de ese presupuesto. Comience a compartir cómo ha superado las dificultades. Dialogue con sus hijos. Lea buena literatura que le enseñe a tener salud financiera. Hable de las experiencias negativas, comparta su fe con sus hijos, y enséñeles a que crezcan a dependencia de Dios. Ninguno de nosotros puede justificarse argumentando que nadie nos enseñó. Todos, cuando crecemos, somos responsables 100% de nuestra vida.

El otro día Esteban publicó en su red social:

El ahorro es algo extraño que solo hacen algunos. El ahorro es el mejor amigo para producir paz financiera. Si usted quiere tener paz financiera, usted debe traer "Ahorro" a su lista de amigos. Le comparto algunas buenas prácticas sobre el ahorro. El ahorro debe ser parte del presupuesto como cualquier gasto que se hace mes a mes. Es igual de importante. Todo ahorro debe tener una meta, una razón por la cual se ahorra. Si no le define una meta... ¿adivine? Su ahorro se le va a ir en lo que sea, y no siempre será en algo provechoso. A cada ahorro póngale un nombre. No ahorre por ahorrar; ahorre con una meta en mente. Eso le va a ayudar a no gastar su esfuerzo en algo tonto o que se vaya a arrepentir luego. Si usted desde joven logra ahorrar un 10% de sus ingresos mensuales para su retiro, cuando la fuerza laboral lo saque del sistema, usted va a poder estar tranquilamente pensionado y dedicado a sus pasatiempos. Tenga una cuenta aparte en el banco de la que no tenga una tarjeta asociada, que la única manera de sacar dinero sea yendo a un banco y hacer fila. Probablemente se evitará hacer un "tarjetazo" de esos que lo dejan sin ahorros por ser impulsivo.

Las personas le van a decir "codo" o "tacaño'" cuando vean que usted no gasta igual que ellos. Pero quiero recordarle que usted sí se está preparando para alcanzar sus metas financieras y se está preparando para su retiro; ellos no. Ellos tienen deudas, usted tiene libertad. La paz es una de las cosas en la vida que menos valoramos. No tendemos a formar nuestro concepto de paz como si fuera uno de los "activos" más preciados que poseemos, y muchas veces no nos preparamos para tener paz. ¿Sabe cuál es una de las áreas que las personas descuidan? La paz financiera.

El tema económico es uno de los motivos principales de tensión en las familias. Tal vez muchos jóvenes no saben de lo que estoy hablando, pero si no aprenden hoy sobre las finanzas bien administradas, un día tendrán canas y enfermedades graves antes de lo normal, porque no supieron manejar el estrés que produce administrar mal el dinero. Por eso, salga de deudas lo más rápido posible. Hoy a las deudas le dicen: "crédito", "presta-fácil" o... "sea feliz hoy y pague mañana". Eso es convertirse en esclavo de alguien más. Si no me cree, deje de pagar sus cuentas y vea cómo le va. No hay nada más satisfactorio que estar libre de deudas. Todo el dinero es para usted y su familia. Sea valiente y no escuche a las personas que se han acostumbrado a las deudas. Ellos vivirán para pagar a otros el resto de sus vidas. Usted puede decidir no vivir así. Como bien lo dijo el sabio Salomón: "El prudente ve el peligro y lo evita; el inexperto sigue adelante y sufre las consecuencias". (Proverbios 27: 12)

El día que leí lo que publicó Esteban, me di cuenta que mi hijo había crecido. Ahora comparte lo que cree y lo que vive.

No permita que la ambición le robe la paz de su espíritu.

El secreto de la paz financiera:

+ Vivir dentro del presupuesto.

+ Controlar el gasto.

+ Controlar la ambición.

+ No asumir deudas.

+ Ahorrar para comprar de contado.

+ No comprar a crédito.

+ Sentir contentamiento y gratitud.

+ Tener creatividad para ahorrar e invertir.

+ Nunca salir fiador de nadie.

Enseñe a sus hijos a ahorrar; se lo agradecerán en el futuro.

14

PUERTA DE OPORTUNIDAD

El éxito no consiste en vivir sin dificultades, sino en descubrir cómo convertir los obstáculos en oportunidades de vida. —S.P.

*E*ntrenamos a nuestros hijos a pasar la dificultad cuando nos observan superar los obstáculos. Todos vamos a tener necesidades y momentos difíciles. Por ejemplo, cuando Helen y yo hemos enfrentado esos momentos difíciles, nunca hemos lastimado el corazón de nuestros hijos. Nunca les hemos dicho quién nos hizo daño, o nos traicionó.

Tenemos que ayudarles a superar sus momentos de adversidad permitiéndoles vivir el dolor que producen. Les ayudamos acompañándolos ante la traición de un amigo, la decepción de un amor, al perder una materia en la escuela. Estos momentos difíciles forman el carácter, y nos unen como familia.

Cuando sus hijos experimentan alguna dificultad, acompáñelos, ore con ellos; enséñeles a confiar en Dios cuando vienen esos momentos difíciles. Cuénteles cómo ha superado la adversidad, y proteja su corazón para que no se llenen de rencor contra otras personas.

¿Cómo enfrentamos los momentos difíciles? Puede tratarse de la quiebra de una empresa, un divorcio, la pérdida del empleo, un hijo esclavizado a las drogas o el descubrimiento de una enfermedad terminal. Sin importar cuál sea la dificultad, las personas manejan de diversas formas los contratiempos que surgen en la vida. Una de ellas es enojarse en extremo, lo cual contribuye a que el problema sea más difícil de superar. Otra forma es culpar a los demás, que lleva a que el problema nunca se resuelva. A veces se opta por enredadas excusas para explicar el por qué de la dificultad, lo que añade innecesarias complicaciones. Muchos optan por buscar la forma de ocultar la dificultad para que nadie se percate de que existe.

Nuestros hijos necesitan conocer lo que ocurrió, después que hemos superado la dificultad. De tal forma, les permitimos aprender de la situación. Pero es indispensable que en medio de la dificultad no convirtamos a nuestros hijos en víctimas. Convertimos a nuestros hijos en víctimas cuando nosotros nos comportamos como víctimas resentidas, amargadas y frustradas.

> Impulsamos a nuestros hijos al éxito cuando les enseñamos cómo asumir la responsabilidad en los momentos difíciles.

Es la forma en que nosotros encaremos los retos que vivimos lo que va a marcar a nuestros hijos para que lo logren al crecer. Todo lo determina la actitud. No podemos elegir lo que sentimos, pero sí podemos decidir la forma en que vamos a reaccionar ante lo que nos ocurre. Los sentimientos emergen solos, pero la actitud que asumimos frente a los desafíos que encaramos es lo que va a establecer la diferencia. Es lo que nuestros hijos observan en nosotros lo que les permite aprender cómo encarar la vida y sus desafíos.

Es clave perdonar a quienes nos fallaron, nos abandonaron y nos hirieron, porque esto ayuda a que nuestros hijos aprendan cómo hacerlo. Cuando mi mamá enfrentó momentos de traición, dolor o sufrimiento, nunca nos enseñó a odiar, o a recriminar los errores de los demás. Nos enseñó a perdonar y a tener siempre la mejor actitud.

Puede ser que en algún momento de dificultad para nosotros, hayamos lastimado a nuestros hijos involucrándolos en situaciones que no tenían por qué vivir. Tengamos humildad para reconocer el error, y pidamos perdón. En muchos momentos tendremos que devolvernos por el camino para pedir perdón a nuestros hijos, porque nos vieron cometer un error o bien porque no hicimos algo correcto. ¿Eso significa que voy a convertir en víctima a mis hijos? No. Ellos aprenderán una lección maravillosa el día que papá, mamá, el abuelo o la abuela pidieron perdón. Eso tiene una enseñanza que ellos van a valorar siempre. Yo no creo que nos tengan que ver como personas perfectas.

Creo que tenemos que tener la humildad para pedir perdón. Pero sobre todo, no hacerlo a partir de victimizarnos o justificarnos, sino a partir de tener la valentía de reconocer lo que estuvo mal. Esa es la mejor forma de hacerlo; sin buscar una excusa de mi comportamiento. Si nos excusamos, los enseñaremos a ellos a tener excusas y no asumirán la responsabilidad.

Tengamos la valentía de pedir perdón cuantas veces sea necesario. Esto nos acerca, y protege el corazón de nuestros hijos. Si en el momento que comete el error, no está preparado para disculparse, espere el momento oportuno.

Lo opuesto a la humildad es la altivez. La altivez nos separa y nos distancia; la humildad nos acerca y nos reconcilia. Es tiempo de vivirla. Quien no deja atrás el odio, el resentimiento y la ira, seguirá atrapado en el pasado, y dominado por su dolor. Nacimos para vivir en libertad, en paz, y cerca de las personas que amamos.

> La altivez nos separa y nos distancia;
> la humildad nos acerca y nos reconcilia.

Oportunidades únicas

¿Por qué huimos de los problemas? ¿A qué le tememos?

Las dificultades nos presentan oportunidades maravillosas para crecer, aprender y madurar. ¿Acaso no es hermoso abrir el corazón, y pedirle a alguien que nos preste el hombro para llorar? Podemos pedir que alguien venga a hablar con nosotros, que eleve una oración a Dios para que nazca fe en nuestro corazón.

Las dificultades crean la oportunidad de poner en orden las cosas, y pedir perdón por las ofensas cometidas. Representan una oportunidad para abrazar a nuestros seres queridos, y decirles cuánto les amamos y los necesitamos. Podemos aprovechar la situación para darles las gracias porque han estado con nosotros en las buenas y en las malas. Todo esto hace que la vida cobre sentido.

> ## Las dificultades crean la oportunidad de poner en orden las cosas.

Cada uno de nosotros posee el potencial para vencer la adversidad, y sobreponernos a los errores o a los malos resultados. Podemos aprender a ver estos momentos como victorias potenciales, momentos que nos brindan la oportunidad de aprender, crecer, y al mismo tiempo enseñamos a nuestros hijos. Una dificultad puede ser la ocasión para descubrir lo que yo no había visto hasta este momento. Solamente la dificultad lo trajo a la luz.

Por medio de las dificultades, por ejemplo, puedo descubrir amigos del alma, esos que están cuando los demás se han ido. Son los amigos que lloran nuestras lágrimas, que nos acompañan en la adversidad. Quizás descubra la familia maravillosa que dejó de valorar porque estaba muy ocupado. Cuando vienen los tiempos difíciles, son ellos los que permanecen. Es tiempo de valorar el regalo de la esposa o el esposo que le ama, de hijos que le alegran la vida. Si estamos atentos, la adversidad puede aportarnos lecciones inolvidables, y nuestros hijos saldrán más cerca de nosotros y con lecciones maravillosas que nunca olvidarán.

¿Qué es lo que hace la diferencia? La actitud frente al reto.

Esto me lo enseñó mi papá cuando yo solamente tenía 19 años. Era un estudiante universitario. Una noche choqué el auto de la familia. Con el susto que produce un evento de esta naturaleza llamé a mi papá. Mi preocupación era: "¿Cómo va a reaccionar?, ¿Qué me va decir?". Estaba realmente muy asustado y sensible emocionalmente. Estaba a punto de llamar al hombre más importante en mi vida, al dueño del auto, al hombre que con mucho trabajo había logrado las cosas que tenía. El choque ocasionaría un perjuicio económico, porque el golpe fue muy fuerte. Cuando levantó el teléfono, le informé lo que había ocurrido: "Papá, choqué el auto". Guardó silencio, y luego me preguntó algo que marcó profundamente mi vida: "¿Estás bien?".

"Sí, papi, estoy bien", le contesté. "Entonces no hay problema", me respondió. "Lo demás se puede reparar."

En ese momento pensé: "¡Qué hermoso es tener un papá que me valora más que las cosas materiales!". Mi papá dominó sus emociones, supo reaccionar a favor de su hijo, y me enseñó cómo hacerlo cuando me tocara estar en momentos parecidos. La tendencia natural es concentrarse en los daños materiales y por lo tanto, los padres terminan regañando, humillando, culpando, y por consecuencia, lastiman a sus hijos. Esto produce hijos frágiles, heridos, con miedo, y crecen con temor a la autoridad. Lo contrario produce personas fuertes, seguras, y capaces de canalizar su frustración y dolor.

¡Esto se llama actitud! Es ir más allá de los sentimientos, para enfocarse en lo que realmente importa.

Nosotros nunca entenderemos en el presente, la razón de por qué ocurren ciertas situaciones. Pero si le damos tiempo al tiempo, veremos emerger un carácter más formado, mayor humildad en el corazón, la sencillez para levantarse de nuevo, y la habilidad de dejar que un sueño le inspire.

Debemos mantener viva la esperanza en nuestros hijos, porque ellos experimentarán momentos difíciles mientras crecen, desearán abandonar el estudio, proyectos, amistades y los sueños que les inspiran. Pero a la vez, estas experiencias les ayudarán a descubrir las fortalezas que tienen, su carácter será formado, y descubrirán inteligencias que no sabían que tenían. Sobre todo, tendrán mayor dependencia de Dios.

El valor de la perseverancia

Memorice esta frase: "No fracasé ni una vez; fue un proceso de dos mil pasos". ¿Por qué? Porque usted la tendrá que repetir a sus hijos cuando quieran desistir. Si usted abandona un proyecto en el penúltimo intento, nunca conocerá lo que estaba a punto de lograr. No importa cuántas veces lo haya intentado, nunca deje de caminar, porque la victoria pertenece a los que insisten y perseveran. Nunca se auto-rotule como una persona fracasada cuando las cosas no han salido bien.

> ## Si usted abandona un proyecto en el penúltimo intento, nunca conocerá lo que estaba a punto de lograr.

No se quede tirado en el camino, porque es muy posible que requiera de dos mil pasos para llegar a su destino. La persona que persevera, vence, desarrolla su potencial, y muestra el camino a los más pequeños de la casa. Este es el secreto de los que se han sobrepuesto a las dificultades. Aprendieron a mantenerse en movimiento, aun en medio de la adversidad y la oposición. Nuestros hijos necesitan ver que continuamos, y muchas veces son ellos los que se convierten en nuestro máximo aliento y fuerza.

Le transcribo lo que le escribió una hija adolescente a su papá cuando él pasaba por una crisis. Sus palabras le animaron a seguir adelante, y le recordaron que tenía que seguir confiando en Dios. Pero a la vez, era el fruto de la enseñanza que mi amigo Riad y su esposa habían sembrado en su hija desde que ella era niña. Estas palabras no brotan de la nada. Son producto de años de enseñanza y de diálogos nocturnos con una hija que crece. Cuando leí esta carta fui impactado, y comprendí lo importante que es preparar a nuestros hijos para que alcancen el éxito, porque un día son ellos los que nos podrían animar a nosotros cuando más lo necesitemos. Lea esta carta como si fuera su hija quien la escribe para usted.

Papito:

Una persona privilegiada me siento hoy más que nunca, porque tengo el honor de decir quién es mi papi y todo lo que significas para mí. Tú eres mi héroe, que me rescatas del peligro y me ayudas a distinguir entre lo bueno y lo malo. Me dices "te amo" con un gesto de tus labios. Con tu mirada expresas el brillo de tu alma y la valiosa persona que hay dentro de ese cuerpo de carne y huesos. Con tus locuras y payasadas muestras ese niño ingenuo, pero alegre y espontáneo, que llevas en el fondo de tu corazón.

En tu seriedad y formalidad nos demuestras tu responsabilidad, enseñándonos al mismo tiempo que la vida es dura y difícil, pero no estamos solos, porque a nuestro lado tenemos a un Dios verdadero que nos ama sin importar lo que hagamos, y nos perdona todos nuestros errores cada vez que los cometemos. Además, que nuestra vida sin Él, antes que sin ti, no tendría sentido. Eso en realidad conmueve mi alma y todo mi ser, y me motiva a seguir luchando para vivir con justicia, respetando a todos los que me rodean y ayudándolos de la mejor forma que pueda.

Nunca permitas que tus ilusiones se acaben, porque la única forma de obtener lo que quieres es teniendo paciencia y mucha fe. Dios tiene el momento indicado para todo lo que nosotros le pedimos, porque conoce nuestros corazones y sabe cuál es el tiempo adecuado. Nunca te rindas, y lucha por lo que quieres, porque para Dios no hay nada imposible.

No sufras por la situación económica. Todo el mundo está pasando por eso, pero la diferencia es que tienes una familia hermosa y una hija que representa vida para tu vida. Ten por seguro que cualquiera de nosotros haría lo que fuera para verte FELIZ.

Gracias por mostrarme ese ejemplo, esa figura verdadera de lo que en realidad representa un padre en todas las áreas de su vida. Gracias por permanecer siempre a mi lado.

Aunque tengas defectos, son más tus cualidades únicas e incomparables. Nunca te olvides que siempre te amaré, pase lo que pase. Al pensar en ti, mi mente se iluminará y a mí rostro una grata sonrisa llega, llenándome de maravillosas esperanzas por un mejor mañana.

Vencidos y vencedores

En su libro *"El lado positivo del fracaso"*,[1] John Maxwell hace una interesante comparación entre los que se dejan vencer y los que han decidido transformar la adversidad en victoria. Maxwell señala que el vencido culpa a los demás por lo que le ocurre, y quien decide triunfar en la adversidad asume la responsabilidad de sus actos. El que se deja vencer espera nunca más fracasar, ¡pero es imposible! Todos los que abordan algún proyecto pasarán por el valle de la dificultad. El que decide transformar la adversidad en victoria, reconoce que el fracaso es parte del camino, parte del proceso. El que se deja vencer cree que va a seguir fracasando o, peor aún, se dice a sí mismo: *"soy un fracasado"*. El que elige transformar los fracasos en victoria mantiene una actitud positiva frente a la vida. Quien se deja vencer se siente limitado por los errores del pasado. Sin embargo, quien quiere caminar y llegar, está dispuesto a volver a arriesgarse y a intentarlo de nuevo. Nuestros hijos necesitan vernos superar la adversidad y volverlo a intentar, porque ellos también enfrentarán momentos difíciles.

Cuénteles a sus hijos cómo ha superado la adversidad y cómo lo han hecho otros. Ellos necesitan saber cómo hacerlo en su momento. El secreto del éxito no lo determinan los resultados, sino el esfuerzo realizado y la pasión invertida. La persona que decide dejarse vencer cede, y tiene la tendencia a relacionarse con otras personas con la misma actitud, alimentando así pensamientos incorrectos. Quien decide transformar la adversidad en victoria debe perseverar, y elegir con inteligencia a las personas que le acompañarán en el recorrido.

> El secreto del éxito no lo determinan los resultados, sino el esfuerzo realizado y la pasión invertida.

Cada dificultad puede ser una oportunidad para avanzar, aprender de la experiencia, y ser una inspiración para sus hijos.

En el caminar de la vida nos encontraremos con personas que son como un cubo de agua fría. Nos afirman que somos incapaces, tontos, que no podemos lograr nada. Este tipo de agua hay que dejarla correr. ¡No les crea! Reme contra la corriente y elija seguir caminando, confiando en Dios y en los talentos y las oportunidades que Él le ha dado. Discipline sus oídos a no recibir comentarios que lo descalifican. Ellos no están derribando sus propios sueños, sino que dañan a los demás, y muchas veces son padres heridos que lastiman a sus hijos. Debemos aprender a no escuchar lo que nos lastima, y debemos enseñar a nuestros hijos a hacer lo mismo.

A muchos de los grandes personajes de la historia sus pares los consideraron fracasados. A lo largo de su vida, lo único que consiguió el pintor Vincent Van Gogh fue vender un solo cuadro, aunque hoy cada una de sus obras vale fortunas. ¡Cuánta decepción debió sufrir cuando se percató de que su generación no valoraba la obra de sus manos! No obstante, siguió pintando. Así mismo, nosotros debemos aprender a *seguir pintando* aunque nadie compre *nuestros cuadros*. Porque nuestros hijos necesitan vernos perseverar a pesar de la adversidad, y porque serán ellos los que recojan el fruto de nuestro trabajo, de nuestra fe y de nuestra confianza en Dios. Tenemos que mantenernos confiando en el Invisible, creyendo que el que nos hizo la promesa la cumplirá a su tiempo, y que las mejores historias son las que han nacido de las cenizas.

> ## Las mejores historias son las que han nacido de las cenizas.

Debemos aprender a reconocer que carecen de sentido las palabras despectivas que nos han expresado. También resulta necesario dejar de lado la culpa por algún error que hayamos cometido, y que usaron otros para etiquetarnos. ¿Quién de nosotros no ha cometido errores? Pero, a pesar de ellos, tenemos la oportunidad de acercarnos confiadamente a Dios, y pedirle perdón. También podemos disculparnos con las personas que hemos lastimado, principalmente si son nuestros hijos a quienes hemos ofendido.

Honestidad atractiva

No es una exageración afirmar que todas las personas que alcanzaron gran éxito, lucharon a brazo partido para no quedarse tirados en el camino. Si usted enfrenta algún impedimento, debe invertir su energía en las áreas que no le representan ningún problema. A esto lo llamamos el principio de la compensación. No podemos estancarnos en el lamento por lo que no sabemos hacer bien, o en lo que no somos hábiles. Debemos desarrollar nuestras fortalezas mientras aceptamos nuestras deficiencias. Resístase tenazmente a la tentación de sentir lástima por usted mismo. Esto no solo lo lastima a usted, sino que también marca la vida de sus hijos.

Sea sincero y admita sus defectos. Véase tal cual es. Revístase de coraje para aceptar los aspectos en los que es débil, y concéntrese en el desarrollo de aquello en lo que es bueno.

El trabajo no es provechoso si solamente sirve para generar recursos económicos para comer y vestir, y no para realizarnos profesionalmente. Puede ser que estemos en ocupaciones para las que nos capacitamos en la universidad, pero no en lo que nos realiza. Si descubrimos que las tareas que realizamos se han convertido en una carga y nos generan angustia, efectivamente nos encontramos en la función equivocada. Realizar el giro necesario para cambiar de trabajo cuando reconocemos que estamos en el lugar equivocado es importante, por nosotros mismos y por nuestros hijos. Nuestros hijos deben vernos realizados y plenos en lo que hacemos y somos. Porque somos el espejo en el que ellos se observan, por lo que esta es la principal inspiración que ellos tienen para enfrentar la vida.

> ## Resístase tenazmente a la tentación de sentir lástima por usted mismo.

Nuestros hijos se enfrentarán a esta misma realidad. Por ejemplo, cuando se inscriban en una carrera profesional y descubran que no es la que mejor saca provecho a su inteligencia. Dar el giro para cambiar de carrera no es fácil, por temor a la crítica de sus padres, por no lucir como inconstante o por orgullo. Pero si nuestros hijos nos observan hacer los ajustes necesarios en nuestras propias vidas, tendrán la confianza para hacer lo mismo cuando lo enfrenten.

El trabajo es un privilegio, un don de Dios. Representa una oportunidad para realizarnos, para ser creativos e ingeniosos. Desde allí podemos dejar un gran aporte a la sociedad y somos remunerados por eso. Cuando uno disfruta su trabajo, suele estar contento con su salario, busca cómo superarse y cómo hacer mejor lo que realiza. Es necesario que aprenda a aceptarme, valorarme, y a apreciar las virtudes con las que Dios me dotó.

Nadie llega al final de la meta en una línea recta. Todos sabemos que el camino a la realización personal y al éxito está lleno de obstáculos y muchas veces de malas decisiones. El sentimiento de fracaso y de decepción vendrá al corazón de nuestros hijos, y debemos estar ahí para animarlos, aconsejarlos y orientarlos.

Comparta sus sueños y proyectos con sus hijos. Esto les permitirá aprender de la experiencia, y les evitará dolores innecesarios en el futuro. Bueno, hay que reconocer que no todos aprenden de la experiencia de otros, pero nadie tiene más influencia en la vida de los hijos que los padres.

Uno de los más grandes violinistas de todos los tiempos, Nicolo Paganini, era un hombre tenaz, luchador, y no se rendía fácilmente. Tenía la virtud de sacarle a su instrumento las más exquisitas melodías. Una noche el público, expectante, colmaba el auditorio donde el músico ofrecería un concierto. Paganini entró al escenario, y la ilusión se apoderó de los presentes. La orquesta se preparó, y él colocó sobre su hombro el violín. La belleza de la música que salía de aquellas cuerdas era indescriptible. Repentinamente, se alcanzó a escuchar un ruido extraño. La pasión de Paganini había reventado una de las cuerdas del instrumento. La orquesta y el director se detuvieron, pero él continuó tocando con las tres que le quedaban. Pocos minutos después, una segunda cuerda saltó de su lugar y la orquesta volvió a detenerse. Paganini, sin embargo, continuó tocando, completamente concentrado en aquella increíble melodía que nacía de su violín. Aunque le faltaban dos cuerdas, se manejó con las cuerdas que le quedaban. No duró mucho para que ocurriera lo absurdo: quedó con solo una cuerda. La orquesta nuevamente se detuvo, pero como si nada hubiera ocurrido, Paganini arrancó de aquella solitaria cuerda los más asombrosos sonidos, la música seguía fluyendo, y el concierto alcanzó su máxima expresión.

Aquella noche Paganini se convirtió en leyenda. Ya no era solo un violinista extraordinario, apasionado y tenaz. Había demostrado cómo sobreponerse al más duro revés que podría sufrir un violinista: perder tres de las cuatro cuerdas de su instrumento.

La lección resulta clara: muchas veces la vida nos deja con una sola cuerda. Perdemos el trabajo, quedamos viudos, somos golpeados por una devastadora enfermedad, o sufrimos una debacle económica.

Paganini nos ayuda a entender que aún cuando solamente nos quede una cuerda, podemos seguir sacando con ella las más conmovedoras melodías. Son estas lecciones las que a su tiempo serán la inspiración necesaria que tendrán nuestros hijos al crecer, porque la vida es así. Muchas veces la vida nos deja con una sola cuerda, y tenemos que seguir tocando la música que late en nuestros corazones. Es más fácil inspirarse cuando hemos visto que nuestros padres lo hicieron primero.

> Nunca la vida romperá todas nuestras cuerdas.
> Aún existen las cuerdas de la perseverancia, de
> la inteligencia y la confianza en Dios.

Cuando sienta que se le derrumba todo el mundo, bríndese una nueva oportunidad y continúe caminando. Nunca la vida romperá todas nuestras cuerdas. Aún existen las cuerdas de la perseverancia, de la inteligencia y la confianza en Dios. A nosotros nos corresponde intentarlo una vez más. Elija sacar la mejor de las canciones con la única cuerda que tiene. La victoria es el arte de continuar aunque la orquesta se detenga, y le aseguro que sus hijos nunca olvidarán la lección aprendida, la cual se convertirá en la más fuerte inspiración cuando tengan que luchar con sus propios sentimientos ante la adversidad.

Nosotros debemos aprender a seguir pintando, aunque nadie compre nuestros cuadros, porque nuestros hijos necesitan vernos perseverar a pesar de la adversidad.

Las dificultades...

+ Pueden ser la ocasión para descubrir lo que yo no había visto.

+ Nos presentan oportunidades maravillosas para crecer, aprender y madurar.

+ Crean la oportunidad de poner en orden las cosas, y pedir perdón por las ofensas cometidas.

+ Representan una oportunidad para abrazar a nuestros seres queridos, y decirles cuánto les amamos y los necesitamos.

+ Pueden aprovecharse para dar las gracias a nuestros amigos y seres queridos, porque han estado con nosotros en las buenas y en las malas.

+ Pueden verse como victorias potenciales.

La victoria es el arte de continuar aunque la orquesta se detenga, y sus hijos nunca olvidarán la lección aprendida.

DECISIONES DEFINITIVAS

Daniel nos reunió en la sala de la casa. Había entrado a su primer trabajo y estaba por renunciar para crear su propia empresa. Su exposición fue bien argumentada, había ahorrado lo suficiente y estaba listo para ir al siguiente nivel. No quería aburrirse en un trabajo que no lo desafiara; estaba tras su propio sueño. Su petición era que le diéramos nuestro respaldo como padres y fue fácil otorgarlo, porque Daniel estaba tomando sabias decisiones. Cada vez que estoy con Daniel y Esteban me sorprenden, porque el sentido de responsabilidad que tienen me indica que han crecido y lo han hecho bien.

*C*uando los hijos están pequeños, no toman decisiones, porque los padres las tomamos por ellos. Los hijos reciben instrucciones y su obligación es obedecerlas. Todos los días, los padres estamos dando órdenes a nuestros hijos, y es en esta interacción que ellos aprenden precisamente eso: a vivir en orden y a desarrollar un razonamiento lógico, coherente y respetuoso como fundamento para que gradualmente asuman la responsabilidad de tomar sus propias decisiones en el futuro.

De esta forma, la tarea fundamental de los padres es dar herramientas a los hijos y empoderarlos para que puedan enfrentar la vida. Una de esas herramientas es enseñarles a decidir sabiamente en las diferentes situaciones que la vida les presenta. De ahí la importancia de enseñar esa disciplina desde que son muy pequeños.

Esta misión es un proceso que va variando conforme van creciendo. En los primeros años, las implicaciones por las decisiones que toman tienen poca relevancia, aunque desde su perspectiva son importantes, pues los hace sentirse dueños de sí. Pero luego, nuestros hijos tendrán que tomar decisiones constantemente y con consecuencias más trascendentales.

Por lo anterior, al permitir que nuestros hijos desde pequeños tomen sus propias decisiones y asuman las consecuencias de estas, estamos estimulando, no solo su razonamiento para elegir la mejor alternativa entre las opciones, sino también su inteligencia emocional. De esta forma les ayudamos a fortalecer el carácter, afirmar la voluntad, y los empoderamos para que sean capaces de resolver sus conflictos y diferencias con los demás.

Los padres enseñamos a nuestros hijos a tomar decisiones gradualmente. De pequeños, no podemos darles una cátedra sobre "las mejores estrategias para elegir". Es necesario que seamos pacientes e invirtamos tiempo en desarrollar su curiosidad explorando lugares y objetos. Permitamos que pregunten para qué sirven, cómo es su uso y un poco de historia. Ellos deben sentirse en la libertad de satisfacer su curiosidad de aprender. Por eso es bueno que visiten librerías, bibliotecas y puedan desarrollar el gusto por la lectura.

Este proceso de conocer les ayudará a formar su criterio para realizar sus elecciones futuras. De esta forma, será importante que desde pequeños tomemos en cuenta su parecer u opinión. Luego les permitimos negociar las condiciones y estudiar las posibilidades; pero en todo momento, debemos permitirles asumir la responsabilidad de las consecuencias por las decisiones que tomen. Por eso, es trascendental que los padres enseñen a los hijos a tomar decisiones siguiendo un proceso lógico y con suficiente análisis.

Ya grandes, deben tener claros los objetivos y los motivos de la decisión a tomar, apoyados en información confiable. Para esto, es bueno enseñarles a escribir un plan con metas a corto, mediano y largo plazo que les permita tener más claro el panorama. La experiencia de terceros enriquece su aprendizaje. Por eso es saludable animarles a buscar consejo. Luego, deben definir el método y la ruta que utilizarán para tomar la decisión. Para esto deben organizar la información, analizar las diferentes alternativas, elegir la mejor opción y tomar la decisión. También, deben saber cuánto tiempo les tomará su realización, dar seguimiento al proceso y evaluar los resultados, lo que les permitirá una mejora continua.

Por último, deben comprender qué implicaciones tendrá dicha decisión, y aprender de la experiencia. Quien aprende a anticipar las implicaciones de sus decisiones y aprende de la experiencia, llegará lejos en la vida.

> Quien aprende a anticipar las implicaciones de sus decisiones y aprende de la experiencia, llegará lejos en la vida.

Para poder tomar decisiones sabiamente, se requiere tener un espíritu educable, pero también, humildad para reconocer cuando se ha equivocado. Por esta razón es importante que podamos compartir con nuestros hijos nuestra propia experiencia y las lecciones aprendidas en el camino. Esto nos identifica con ellos, y les permite tener puntos de referencia.

¿En qué áreas de la vida les enseñamos a decidir?

En el estudio: Somos los padres los que enseñamos a soñar, y ayudamos a que estos sueños se conviertan en proyectos concretos. Debemos enseñarles a nuestros hijos a conocerse, a reconocer sus principales habilidades e inteligencias, ya que tener claro quiénes son y en qué son buenos les ayudará a elegir una profesión que les traiga realización personal. Es importante que ellos puedan elegir por ellos mismos su carrera profesional, y para lograrlo van a necesitar el consejo sabio de sus padres y de otros mentores. Además, debemos enseñarles a elegir estratégicamente; según las oportunidades de trabajo, la tendencia económica y su responsabilidad social. Somos los padres los que motivamos y apoyamos este proceso.

Aún recuerdo cuando a mis 17 años entré a una prestigiosa universidad. Me había preparado para el examen, y logré una excelente calificación en el examen de admisión, lo que me permitía elegir cualquier carrera. Pero qué iba a estudiar, no lo sabía, porque no me lo había preguntado, y mucho menos lo había reflexionado. Al inscribirme en la universidad tenía que elegir una carrera y como no sabía qué estudiar le pregunté a mi mejor amigo lo que él estudiaría. "Ingeniería", respondió. Lo expresó con tanta convicción que me animé a estudiar Ingeniería con él. Me sentía emocionado y matriculé las primeras materias. Todo marchaba de lo mejor, hasta que llegó el primer examen de matemáticas. Había estudiado lo suficiente y me sentía seguro, pero el resultado no fue lo que esperaba.

Fue aquí donde tuve la reflexión que debí haber tenido antes. "¿Quién soy?, ¿En qué soy bueno?, ¿Qué me gusta?, ¿Qué me veo haciendo el resto de mi vida?, ¿Cuál es mi inteligencia dominante?, ¿Hacia dónde voy?, ¿Qué me ilusiona?, ¿Por qué me fue mal en el examen?". Cada una de estas preguntas era válida y oportuna.

> ## Quien no invierte tiempo en conocerse, se convierte en una mala copia de alguien más.

Quien no invierte tiempo en conocerse, se convierte en una mala copia de alguien más, y pierde la oportunidad de ser fiel al diseño original con el que Dios le ha creado. Fue entonces cuando llamé a mis padres por teléfono, porque yo estudiaba en otra ciudad. ¿A quién se llama ante las decisiones cruciales de la vida?, ¿Quién nos conoce mejor que nuestros padres?, ¿Con quién podría tener una diálogo tan trascendental? Y fue en esa conversación con mi papá que escuché una frase que marcó mi vida: "Hijo, lo que usted decida su mamá y yo lo vamos a respaldar".

¡Qué momento más importante estaba viviendo! Estaba a punto de decidir qué haría el resto de mi vida, cuál carrera profesional estudiaría, y qué carrera se ajustaba más a mi inteligencia dominante. Lo que mis padres respondieran marcaría mi vida para siempre. Por ejemplo, si mis padres hubiesen tomado mi indecisión como una duda, o un momento de debilidad por haber perdido el examen de matemáticas, me hubiesen impulsado a continuar, aunque no fuera la carrera para la cual había nacido. Si me hubiesen dicho que ya habían invertido mucho dinero en mis estudios para que estuviera dudando sobre qué estudiar, me hubieran impulsado a continuar siendo quien no soy, y haciendo lo que no quiero.

Pero este diálogo con mi papá marcó mi vida. Por primera vez estaba reflexionando sobre mi futuro, y haciéndome preguntas existenciales importantes. Pero era solo un adolescente que le gustaba jugar tenis de mesa, estar con los amigos, pasear, divertirse y pasar el tiempo. No puedo olvidar que caminé por el campus universitario reflexionando sobre mi futuro, y sobre quién era yo. Mis padres no podían tomar la decisión por mí, como lo hacían hace tan solo unos pocos meses atrás cuando no quería ir al colegio, y me obligaban a hacerlo. Ahora estaba decidiendo mi futuro, y tenía que investigar en mi interior qué carrera estudiar. Estaba frente a frente con mi destino y tenía que decidir.

Fue en ese momento que todo lo que me habían enseñado mis padres floreció. Haber crecido al lado de ellos, y ver cómo tomaban las decisiones me ayudó a construir mi proyecto de vida. No tenía que ver si mis padres eran profesionales o no. Pero eran emprendedores, ordenados, esforzados, trabajadores, decididos, y sobre todo, me habían enseñado a confiar en Dios y a buscarle en los momentos cruciales. Comencé a preguntar a mis amigos sobre las diferentes carreras, investigué lo que hacían los diferentes profesionales, y dejó de importarme el aparente fracaso que estaba experimentando de perder un semestre de estudio.

Se despertó una ilusión por la carrera del Derecho. Todo de ella me gustaba, y con el respaldo incondicional de mis padres entré a la carrera que amé, y estudié con pasión y entrega. Me agradaba tanto mi carrera que tomaba apuntes en clases, los pasaba en limpio en la casa, elaboraba resúmenes, y luego fichas para recordar la materia. Si me dejaban un libro para leer, lo iniciaba inmediatamente y disfrutaba su lectura. Estudiar mi carrera fue fácil, porque me gustaba, lo cual me impulsaba a dar lo mejor de mí.

Esta carrera era acorde a mi inteligencia dominante. Fue la confianza inspirada por mis padres lo que encendió un alto sentido de responsabilidad. Nunca olvidaré aquella conversación, porque no fueron ellos los que decidieron por mí; simplemente respaldaron mi decisión. Bueno, mi mejor amigo tampoco estudió Ingeniería Civil, y esto también me dice que no puedo seguir a alguien tratando de encontrarme a mí mismo, porque mi destino es solo mi responsabilidad.

Los amigos: Son las personas que más influencian nuestras vidas, y pueden convertirse en la segunda familia. Enseñemos a nuestros hijos a elegir bien a sus amigos, y a ser firmes cuando deben alejarse de amistades dañinas.

Siempre recuerdo que mis amigos eran bien recibidos en casa, y a ellos les gustaba llegar porque mamá les daba algo para comer. Era mi amigo Gustavo quien me ayudaba a estudiar, porque por mi déficit de atención me costaba concentrarme. Tuve amigos que estuvieron conmigo durante toda mi época de escuela y colegio. Ellos eran personas importantes y amadas. Por eso aprecio que mis padres los aceptaran tal cuales.

> ## Enamorarse es fácil, pero aprender a amar es un arte que se observa en casa.

El cónyuge: Si el amor nos guía a una relación para toda la vida, es indispensable acompañar a nuestros hijos en el proceso de entender cómo funciona. Será importante que les enseñemos a añadir inteligencia al enamoramiento, y a construir relaciones saludables fundamentadas en sentimientos sanos y con sentido común. Para esto, deben desarrollar la capacidad de observar, analizar y esperar el momento oportuno. Enamorarse es fácil, pero aprender a amar es un arte que se observa en casa, y por lo tanto despierta ilusión, expectativa y en ocasiones genera temor. Quién mejor que nuestros padres para guiarnos en la tarea de elegir con quién compartiremos el resto de nuestras vidas.

Adicciones: Nuestros hijos tienen que elegir entre una vida sana en oposición al consumo de drogas u otras adicciones. Desde niños debemos enseñarles a no incursionar en ellas, y no solo en sustancias legales o ilegales, sino de otro tipo, como el juego, la pornografía, las apuestas, o incluso, tecnológicas, como lo son las redes sociales.

Fuentes de aprendizaje: Debemos enseñarles a elegir sabiamente las herramientas para su crecimiento: lo que escuchan, lo que leen, lo que observan, y cómo navegar inteligentemente en Internet.

Cómo cuidar la salud: ¿Qué comen y dónde lo comen?, ¿Qué es saludable y qué no lo es? Si en casa nos alimentamos mal y tenemos malos hábitos de vida como el sedentarismo, ellos aprenderán exactamente lo mismo. Por eso, decidan alimentarse bien.

Uso del tiempo: Cómo van a invertir el tiempo y cómo van a aprovechar las oportunidades. Muchas veces he escuchado a personas decir: "Nuestro peor enemigo es el tiempo". Se refieren a que pasa muy rápido. Pero el tiempo no es un enemigo ni un amigo; es un recurso que se aprovecha. Por eso, en tanto enseñemos a nuestros hijos a invertir correctamente el tiempo, ellos llegarán lejos, y experimentarán éxito mientras avanzan por la vida.

Lugares a frecuentar: Ambientes que los impulsan a crecer física, emocional y espiritualmente, versus ambientes que los minimizan o les impiden su desarrollo.

Cómo resistir la presión de grupo y a tener una estrategia para los momentos cruciales. Debemos enseñarles a decir "no", y a sostener la decisión aunque la presión sea fuerte.

Anime a sus hijos a decidir por ellos mismos; les dará seguridad. Recuérdeles que para decidir se necesita valor, determinación y constancia. Explíqueles a sus hijos los beneficios que tiene tomar decisiones sabiamente. Decidir nos permite crecer, mejorar y avanzar.

Como padres debemos enseñar a nuestros hijos que cada uno de nosotros es arquitecto de su propio destino. Por lo tanto, las decisiones importantes se deben asumir; no se postergan. No decidir les traerá consecuencias negativas; aumenta el estrés, produce ansiedad y les pone en conflicto con ellos mismos y con los demás.

> Las decisiones importantes se deben asumir;
> no se postergan.

Nuestra misión, como padres, es acompañar, aconsejar, guiar y animar a nuestros hijos a tomar buenas decisiones. La tendencia natural es regañar y criticar lo que hacen. En lugar de esto, afírmelos y enséñeles que se aprende a tomar decisiones, tomando decisiones.

El poder del elogio

Una manera de empoderar a los hijos para que ellos aprendan a tomar decisiones acertadas es a través del elogio, pues el reconocimiento de sus cualidades y talentos refuerza el valor y la confianza que tienen de ellos mismos.

Esto les ayudará a recorrer el camino de la excelencia, tendrán más iniciativa, más creatividad y se atreverán más, pues perderán el miedo a equivocarse y lo volverán a intentar. Para esto, debemos cambiar la descalificación por la afirmación, y los sobrenombres hirientes, por el reconocimiento.

Cuando elogiamos a nuestros hijos, lo que estamos haciendo realmente es afirmar su amor propio. Los hacemos sentir aprobados, aceptados y aptos, lo que les permite sentirse más seguros en todos los ámbitos, inclusive en la toma de decisiones.

> ## El elogio motiva, impulsa y estimula a la acción.

El elogio que reciben en la casa va a contrarrestar la burla y la humillación que recibirán en la escuela, la práctica deportiva, las clases de música y en la convivencia con sus iguales. No es fácil enfrentar la descalificación o que nos dejen fuera porque no somos los mejores. Pero el elogio que recibimos en casa nos ayuda a compensar esos momentos difíciles que ocurrirán irremediablemente.

Es importante recalcar que todo elogio debe ser un sincero reconocimiento. Elogiar es un acto de honestidad y objetividad, muy distinto a exagerar las cualidades o virtudes, o a dar pie a las comparaciones con otras personas.

¿Cómo ayudamos a nuestros hijos a vencer el miedo?

+ Ayudemos a que distingan el miedo saludable, del miedo que nos detiene. No todos los miedos son dañinos. El miedo saludable es el que nos ayuda a ser preventivos, analíticos, y no nos permite correr riesgos innecesarios, pues es respuesta a nuestro instinto de conservación. Pero el miedo que se alimenta del temor a fracasar es aquel que se fundamenta en las inseguridades.

+ Expliquemos que el miedo que paraliza solo se vence cuando discernimos cuáles son los obstáculos reales y cuáles son los imaginarios, y les damos solución. Sobreponerse a los obstáculos nos ayuda a avanzar en la dirección que hemos definido.

+ Enseñemos que el miedo a los desafíos solo se vence decidiendo y siendo perseverantes. Los desafíos forman parte de la construcción de nuestra vida y de nuestro futuro. Cuando decidimos, construimos esa vida y ese futuro que tanto anhelamos.

+ Lo contrario al miedo es la esperanza que produce libertad, acción y movimiento.

+ Al éxito se camina tomando buenas decisiones. Porque el éxito es un camino y no un lugar al que llegamos.

+ La experiencia provee confianza. Por eso nuestros hijos deben desarrollar el hábito de tomar sus propias decisiones. Esto les ayuda a enfrentar sus temores. Independientemente de los resultados, debemos animarles a que lo hagan la próxima vez.

> **El miedo a los desafíos solo se vence decidiendo y siendo perseverantes.**

Debemos permitir que los hijos tomen las decisiones propias de su edad y es indispensable desarrollar en ellos la confianza necesaria para que se sientan útiles, capaces, afirmados, aceptados, amados y animados.

Los padres debemos empoderar a nuestros hijos, haciéndoles conciencia de que pueden decidir por ellos mismos, que tienen la inteligencia para hacerlo, y debemos asegurarles que recibirán nuestro consejo. Esto les brinda la confianza necesaria para avanzar en la obtención de sus metas personales. En la primera etapa de sus vidas, debemos estar con ellos para acompañarlos, y para animarlos cuando se equivoquen o se quieran rendir. Pero a la vez, felicitarlos cuando logren tomar la decisión correcta o tengan la valentía de asumir las consecuencias de una decisión que no resultó como lo esperaban.

Así mismo, debemos ayudarles a enfrentar la crítica, la descalificación, los sobrenombres hirientes, las comparaciones y, sobre todo, debemos ayudarles a enfrentar los momentos difíciles, las adversidades y los fracasos.

Lo que nuestros hijos llevan para enfrentar el mundo es lo que han recibido en casa. Enseñemos a nuestros hijos a vencer el temor al qué dirán y a ser diferentes.

Los hijos que no tienen la compañía de sus padres en esta importante dinámica de aprendizaje crecen sintiéndose inseguros y temerosos, porque no saben qué pueden hacer, no saben cuándo hacerlo, y no sienten el estímulo necesario para ejecutarlo. Son niños y jóvenes que normalmente no terminan los procesos, no evalúan los resultados, y van creando un patrón errado de conducta.

Inspiramos a nuestros hijos al asumir la responsabilidad de las consecuencias de nuestras propias decisiones. De esta forma, les enseñamos a tomar las mejores decisiones, en tanto nosotros como padres y como adultos seamos responsables de nosotros mismos, y de lo que hacemos.

Se decide, no en función de lo que se siente,
sino en razón de lo que debe hacerse.

Lo que nuestros hijos deben tener presente al tomar decisiones

- Decidir forma el carácter y nos hace crecer.

- La duda muchas veces estará presente. Nos invita a pensar, a razonar y a investigar. Pero no debe hacernos postergar el siguiente paso.

- Al tomar una decisión, elegimos un camino, y se descartan las otras alternativas. Por eso, debe ser la mejor elección.

- Cuando tomemos la decisión, avancemos en esa dirección sin culpa, con fuerza y con mucha determinación.

- Decidir implica acción, movimiento y constancia.

- Celebremos cada uno de los éxitos. Esto nos anima y estimula a seguir el camino.

- No tengamos temor a equivocarnos. Equivocarse no es un fracaso; es una fuente de aprendizaje y experiencia.

- Cada decisión es una enseñanza de vida. Debemos aprender a detenernos para valorar, corregir, agradecer y celebrar.

+ Lo más fácil es no decidir, pero actuar así no conduce a ninguna parte. Si no decidimos, el miedo se quedará justo donde está, y puede convertirse en un patrón de conducta si se lo permitimos.

+ Decidir es un acto muy personal. Por eso, no podemos depender de la aprobación de los demás, o de que todas las circunstancias sean las óptimas. Esto es muy difícil para los padres porque sin quererlo hacemos que nuestros hijos dependan demasiado de nosotros, aun cuando han crecido.

+ Terminemos lo que iniciamos. Eso se convierte en estímulo para la siguiente etapa.

+ Decidamos sabiamente quiénes queremos que nos acompañen en el trayecto de la vida, porque ellos facilitan u obstaculizan, animan o desaniman, son fieles o traicionan.

+ No ignoremos el consejo, y sepamos buscarlo de la mejor fuente. Por esta razón debemos animar a nuestros hijos a que pregunten cuando tengan duda.

Rocío, la esposa de mi hijo Daniel, nos ha enseñado grandes cosas, y una de ellas es que nunca tiene problemas para preguntar cómo se hace algo o cómo funcionan las cosas. Esto le convierte en una persona sabia, porque solo los sabios preguntan.

Al éxito se camina tomando sabias decisiones.

FAMILIA:
CONSTRUCTORA DE RECUERDOS

Vivir en familia es el arte de ofrecernos para comprender, escuchar en silencio, aceptar incondicionalmente y admirar a quienes amamos.

—S.P.

*D*aniel dijo a sus 20 años: "Mamá, el otro día yo estuve pensando que cuando yo tenga a mis hijos, me gustaría criarlos como vos nos has educado a nosotros". Hoy Daniel se ha casado con Rocío, una dama maravillosa, y cuando los escucho hablar me doy cuenta que ha valido la pena vivir en familia. Les transcribo lo que me escribió Daniel en una ocasión que cumplí años. Es de los tesoros valiosos que tengo:

Hola Pa: ¡Quiero decirte que te amo mucho! Que de verdad sos un orgullo, y que estoy muy agradecido con Dios porque vos seas mi papá. Cuando veo a otras personas, y veo lo triste que son porque no tienen papás buenos, doy muchas gracias por la bendición en mi casa. De verdad, cuando yo sea grande quiero ser como vos. Quiero ser un papá paciente, amable, caballeroso, cariñoso y ejemplar como vos. Quiero lograr transmitir el amor de Dios como vos lo haces, y ser tan firme en mis valores y creencias como vos. Quiero poder amar a mi esposa y criar hijos como vos lo has hecho. También quiero tener la sensibilidad para escuchar a Dios y dejarme guiar como vos lo haces.

¡Te amo mucho y te admiro!

Tu hijo, Daniel

El honor más grande que puedo recibir es ser llamado "Papá". No lo cambio por nada del mundo.

¿Por qué es tan importante la familia?

La familia enfrenta retos sin precedentes, los divorcios aumentan, el embarazo adolescente crece, el consumo de drogas se extiende, la violencia en hogares parece no detenerse, y la mayoría de los esposos y las esposas trabajan largas horas fuera de casa. Hoy más que nunca debemos fortalecer la familia como núcleo fundamental de la sociedad. Esta realidad ha guiado a algunos estados a diseñar políticas a favor de la familia con la meta de fortalecerla, haciendo un llamado a todos a aportar en la construcción de la red social más importante que existe: la familia.

La familia es fundamental para todas las personas, porque es el núcleo más íntimo que tiene todo ser humano. Es ahí donde se adquiere sentido de pertenencia, se recibe el afecto necesario para crecer en aceptación y reconocimiento, y se desarrollan las habilidades primarias. Además, la familia es la constructora de los recuerdos más importantes, porque genera las emociones más intensas. Al crecer, las personas suelen desear construir una familia porque desean ser amadas y amar.

> La familia es la constructora de los recuerdos más importantes, porque genera las emociones más intensas.

En el hogar se enseñan las primeras normas de socialización y urbanidad, se muestra el camino hacia el desarrollo personal, y nos permite construir sueños. La familia es la que impulsa hacia el futuro, guiando a los hijos hacia la independencia porque les capacita para construir su proyecto de vida.

Construir un hogar no es cosa fácil, por lo que es importante como familia que valoremos lo que tanto nos ha costado construir. Por eso, renovemos el pacto de fidelidad, lealtad, respeto, amor y confianza.

La familia importa porque ofrece estabilidad a los hijos, los respalda en los momentos de crisis, está presente ante los retos escolares, los quebrantos de salud y la presión social. La familia es crucial en los momentos trascendentales como lo son la niñez y la adolescencia, porque es la que viene a complementar las carencias individuales que todos tenemos. Es la familia la primera fuente de contención cuando nuestros hijos enfrentan los retos educativos, agresión de sus compañeros, el rechazo de un amigo, o viven una decepción en el amor.

La familia está compuesta por personas con características diferentes, momentos emocionales distintos, e individuos en constante cambio. La familia donde todos sus miembros estén cortados con la misma tijera, estén en la misma etapa emocional y se mantengan estables en el tiempo no existe. Quiero decir que la familia perfecta no existe, pero podemos luchar por una familia saludable, estable y fuerte. Lo mejor que podemos hacer por la familia es amarla tal cual es, defenderla cuando se vea amenazada, y protegerla en los momentos de transición.

Amar significa hacer algo importante por alguien a quien consideramos valioso. El amor siempre implica valor, dignidad y honor, y por eso mismo, genera seguridad y cercanía. Si demostramos que amamos y aceptamos a cada persona en casa, se genera un ambiente que nos hace desear estar cerca.

Es la familia la que queda cuando todos se marchan. Por eso, debemos mantener un vínculo fuerte con cada uno de sus miembros. El uso apropiado de la influencia que tenemos con nuestros hijos les provee la fortaleza necesaria para superar los obstáculos que se enfrentarán fuera de casa.

El verdadero éxito lo mide la capacidad de amar a nuestros hijos en las diferentes etapas que viven. Y el secreto consiste en llegar juntos al final, otorgando aceptación, admiración, compañía y consejo.

> El verdadero éxito lo mide la capacidad de amar a nuestros hijos en las diferentes etapas que viven.

Es en la familia donde aprendemos las actitudes, normas y valores que nos permiten la convivencia en comunidad. Nuestra conducta como amigos, vecinos y ciudadanos es primordialmente producto de nuestra vivencia y aprendizaje en familia. Por lo tanto, cuando la familia enfrenta problemas y dificultades, estos se reflejan en el tejido social con un sin número de situaciones que afectan la convivencia y la paz social.

La estabilidad familiar evita casos de violencia. Además, los niños crecen con una seguridad emocional y afectiva superior en una familia firme que en una familia fragmentada o disfuncional. Por eso, ayudar a la familia a encontrar su estabilidad actúa como un factor de seguridad y cohesión, en lo económico y en lo social, en el seno de la sociedad.

Porque la familia es importante, es necesario distinguir algunos elementos que ayuden a las familias a encontrar estabilidad y permanencia en el tiempo. Algunos de estos factores que pueden ayudar a fortalecer las familias podrían ser:

1. Todo noviazgo debe recibir una eficaz preparación antes de asumir el desafío del matrimonio. Esto les permite trascender a una relación estable, donde se complementan, se aman y se respetan.

2. El amor de los padres busca perpetuarse en los hijos. Por eso, una meta fundamental de todo padre es procurar dejar un legado que se extienda de generación a generación.

3. El fundamento de una buena familia es la confianza, el diálogo y el respeto mutuo. Es lo que le permite a los miembros de la familia ser sinceros, tener confianza y admirarse mutuamente.

4. Toda familia debe tener un código ético que le dirija, donde todos conocemos las obligaciones, los privilegios y las reglas del hogar. Esto permite que la convivencia sea más placentera y exista un espíritu de cooperación.

5. No discuta frente a sus hijos. Las diferencias de los cónyuges se resuelven en privado. Los hijos merecen crecer en un ambiente de paz y armonía. Por esta razón los conflictos matrimoniales se resuelven con discreción, por amor a los hijos y a la estabilidad del hogar.

6. La fidelidad es trascendental. Para que exista estabilidad en los hijos, necesitamos ser fieles el uno al otro. Esto les permite mantener viva la ilusión, fortalecer la confianza y proporciona la seguridad necesaria al crecer.

7. Amar implica perdonar. Por eso toda familia debe vivir muchas veces el principio del perdón, porque todos vamos a fallar en repetidas ocasiones. Lo opuesto al perdón es el resentimiento, el cual estimula deseos de venganza. Si las heridas no se sanan, podrían guiarnos a la ruptura de cualquiera de las relaciones familiares, ya sea entre cónyuges, padres e hijos, o entre hermanos. Por esta razón debemos perdonarnos mutuamente cuantas veces sea necesario.

El principio del perdón

Es el perdón lo que nos permite crecer, y consolidar la relación familiar. Si nuestros hijos nos ven perdonar, aprenderán a hacerlo también. Lo mejor de todo es que un día, cuando tengan que disculpar nuestros errores, lo harán como nosotros lo hicimos con ellos.

La ira, la crítica constante, el egoísmo, el rechazo y la agresión lastiman cualquier familia. Tenemos que decidir eliminar lo que nos distancia, porque nos amamos y seguimos siendo familia el resto de la vida. Muchas veces tendremos que perdonar, y destruir la lista de las ofensas, antes de que se amargue el corazón. Así el resentimiento no dominará nuestras actitudes y la amargura no se apoderará de nosotros.

> El pedir perdón y otorgarlo debe ser parte de la dinámica familiar diaria.

El perdón libera el corazón de la prisión del resentimiento, lo cual abre la puerta hacia la estación de la paz. Es el puente que facilita el diálogo, recupera la confianza y fortalece las relaciones. Cuando usted atesora a su familia, entiende que lo importante no es tener la razón, sino valorar la relación.

El perdón trae paz al corazón, aclara los pensamientos, y nos ayuda a ordenar nuestras emociones. El perdón no lleva cuentas pendientes. Necesitamos aprender que perdonar no tiene que ver con lo que nos hicieron en el pasado, sino con la libertad que queremos tener en el futuro.

El perdón se vive primero en el corazón, se sostiene con la voluntad, y se exterioriza con honestidad. Así como se requiere humildad para pedir perdón, también es necesaria esa humildad para otorgarlo. Proteja su familia.

Cuando pida perdón a alguna de las personas que ama y le aman...

+ Demuestre sinceridad, identificación, y deseos de cambio.

+ Sea natural y no forzado, o por obligación.

+ Pida perdón sin justificarse o excusarse.

+ Escuche con identificación, y valide sus sentimientos.

+ Permita que la otra persona exprese sus sentimientos libremente.

+ Está bien que llore.

+ No culpe a alguien más por lo que es su responsabilidad.

+ Respete cuando la otra persona expresa sus sentimientos y llora.

+ No manipule y no mienta.

Porque la familia es importante, no dejemos de admirarnos, de divertirnos juntos, de tener intereses en común, y de desarrollar proyectos que involucren a todos sus miembros. Resolvamos los conflictos, recordemos los buenos momentos que hemos vivido, tengamos sueños que nos proyecten en el tiempo, y hagamos que prevalezcan el respeto, la lealtad, el amor y la confianza.

El hogar debe protegerse a toda costa, porque es lo que proporciona estabilidad a la sociedad, mantiene una economía saludable, y trae la salud emocional que nuestros hijos y nosotros necesitamos.

Su hogar es el mejor lugar para vivir

El hogar es el lugar en el cual nacemos, crecemos, se nos da identidad, construimos recuerdos, están las personas más importantes para nosotros y las que más amamos. Se puede pasar bien en cualquier lugar, pero en familia se pasa mejor, porque es el refugio emocional en el que hemos crecido, y el lugar al que pertenecemos.

Cuando estoy lejos por trabajo, deseo regresar a casa, al lugar que pertenezco, comer con mi familia, dormir en mi cama, hablar con mis hijos, y pasar tiempo con Helen, mi esposa. Nada despierta más ilusión que regresar a casa.

Las familias saludables son aquellas que son capaces de adaptarse a los cambios que experimentan. Por ejemplo, aún recuerdo cuando Helen y yo no teníamos hijos, nuestro departamento era pequeño y lo que comprábamos para la comida eran pocas cosas. Salíamos a cualquier hora al lugar que deseábamos. Pero un día, llegaron sonrisas, alegrías y los tiempos de llanto. Nacieron Daniel y Esteban, y nuestra atención cambió. Ahora nuestros hijos consumían toda nuestra energía, y surgía un nuevo amor. Un amor que marcaría nuestras vidas para siempre, y la ilusión para regresar a casa aumentó. "Papi, papi, papi, juguemos." ¡Qué momentos más emocionantes; son inolvidables!

Recuerdo muy bien cuando Daniel dio sus primeros pasos y caminó varios metros. Había vencido el miedo, y rápidamente comenzó a correr. Pero también recuerdo el reto que era darle de comer. Era toda una aventura porque no quería abrir la boca. Fue un tiempo para desarrollar paciencia, creatividad y mucho ingenio. Por eso, el hogar es el entorno donde surgen los recuerdos más preciados, están las personas con las que hemos compartido momentos inolvidables, donde hemos superado retos y desafíos, nos hemos enojado, y luego reconciliado. Es aquí donde invertimos todas nuestras fuerzas, recursos, tiempo, y están las personas que amamos; las que hemos visto crecer, madurar y marcharse tras su nuevo proyecto de vida.

Hoy mi papá tiene más de 89 años, su vida está llena de recuerdos, y sentarse con él es muy agradable porque me permite volver en el tiempo y valorar el sacrificio que hizo para edificar la familia. Con el paso del tiempo nuestros padres y abuelos se han convertido en héroes, nos permiten tener conexión con el pasado, y valorar el sacrificio que hicieron. Superaron las crisis, trabajaron duro, nos dijeron que teníamos que estudiar y luchar por nuestras metas. Es en casa donde se nos enseñan valores, una alta ética de trabajo, el principio del ahorro, y se nos anima a proyectarnos en el tiempo. Es en casa donde se nos enseña a vivir, reír y soñar.

Amar es hacer algo importante por alguien que consideramos valioso. Es lo que nos lleva a regresar a casa cuando estamos lejos y a pedir perdón cuando cometemos un error. Por eso, no importa lo que haya sucedido, todos tenemos la necesidad de estar cerca, porque nacimos para amar y dejarnos amar.

Las familias que alcanzan el éxito son aquellas en las que sus miembros se sienten amados y aceptados incondicionalmente.

En las familias saludables el amor se expresa abiertamente y en forma natural. Puede ser con un: "te amo", "te extraño", "¿cómo estás?", "¿cómo te fue?" y lo decimos solo porque nos amamos.

> Cuando el amor está presente en la familia,
> refuerza la dignidad y
> el valor personal de los hijos.

El amor que une a las familias saludables es espontáneo, desinteresado, generoso, incondicional, y permite la individualidad de cada miembro. Es vivir en una familia así lo que potencia a nuestros hijos a convertirse en personas solidarias, emprendedoras, con criterio propio, y perseverantes. A la vez, les nutre de fuerza para enfrentar los retos de la vida, y los invita a expresar lo que piensan y sienten. Con el paso de los años, la familia debe mantener una relación fuerte, y cercana. Por eso, insista en amar a su familia.

Al expresar cariño a través de actos de servicio para la familia se generan recuerdos mágicos. Nunca olvido a mi papá cocinando su plato favorito los domingos. Había ilusión, y estábamos alegres; la familia estaba junta. Ese día asistíamos a la iglesia en la mañana, y todos sabíamos que nadie podía hacer otros planes. Al llegar a casa, papá se ponía el delantal y sacaba los ingredientes, todos colaborábamos en poner la mesa, y al medio día la familia estaba comiendo unida. Hablábamos, reíamos, contábamos un buen chiste o las historias de la semana, y se exponían los planes de los próximos días. Hay recuerdos que se quedan en el corazón porque son parte de las tradiciones familiares que no se olvidan. Papá y mamá nos permitieron compartir en familia momentos inolvidables. Ellos me impulsaron a ser la persona que soy.

Para que estos momentos en familia sean mágicos, debemos tener la mejor actitud, disponernos a disfrutar lo que estamos viviendo, ser espontáneos, y ser condescendientes con los más pequeños.

Los momentos más emocionantes son los espontáneos, esos que surgen sin que nadie los planifique. Esto me ha ocurrido con mis hijos muchas veces, cuando al llegar a casa me dicen: "Papi, están dando una excelente película, vamos a verla". Me cambio para estar más cómodo, y nos vamos al cine. Surge una alegría en esos momentos que no se cambia por nada. Los hemos llamado, "un tiempo papá – hijo"; solo nosotros dos, o nosotros tres. Por eso, sea espontáneo y disfrute de esas locuras que solo ocurren en casa, y se recuerdan para siempre. Sus hijos lo agradecerán toda la vida, porque les prepara para construir su propia historia al crecer.

> *Los tiempos en familia se convierten en momentos mágicos que recordaremos y se quedarán en el corazón para siempre.*

En las familias saludables...

- Sus miembros se sienten amados y aceptados incondicionalmente.

- Son capaces de adaptarse a los cambios que experimentan.

- Los momentos más emocionantes son los espontáneos, esos que surgen sin que nadie los planifique.

- Al expresar cariño a través de actos de servicio, se generan recuerdos mágicos.

- El amor se expresa abiertamente y en forma natural.

- Potencian a los hijos a convertirse en personas solidarias, emprendedoras, con criterio propio, y perseverantes.

- Nutren a los hijos de fuerza para enfrentar los retos de la vida, y los invitan a expresar lo que piensan y sienten.

- Con el paso de los años, mantienen una relación fuerte, y cercana.

> *Todos tenemos la necesidad de estar cerca, porque nacimos para amar y dejarnos amar.*

CONQUISTA CONTINUA

El éxito no se hereda, se inspira; no se impone, se modela; no se imita,
se vive y se disfruta.   —S.P.

*C*uando los padres se saben y se sienten personas exitosas, les es más fácil guiar a sus hijos al éxito, porque ellos conocen el camino, los retos que deben superarse, y el esquema de pensamiento que se debe tener.

¿Es usted una persona exitosa?, ¿Cómo lo logró?, ¿Le ha contado a sus hijos la historia? Sus hijos necesitan construir su propia historia a partir de que usted les dejó un buen nombre que les abra puertas, los valores necesarios para sentirse seguros en la ruta a seguir, y los hábitos requeridos para perseverar en los trayectos difíciles.

Este niño solo tenía 8 años, y el día que le pregunté qué le gustaría ser cuando fuera grande me dijo con gran seguridad: "Un día seré presidente de mi país". Estaba almorzando con su familia y al escuchar al niño, nadie rió o lo ridiculizó. Eso me llamó la atención y le pregunté: "¿Por qué quieres ser presidente de tu país? Él respondió: "Amo mi país, conozco sus problemas, leo la historia de mi país, y discuto las noticias de mi país con mi abuelo". Su papá me explicó que su abuelo y él leen libros sobre su país, él se mantiene al tanto de lo que ocurre en su amada tierra porque ahora está viviendo en otro país. A sus 8 años tiene claro su destino, no porque alguien se lo impuso, no porque fuera el sueño de sus padres. Simplemente ha aprendido a amar su país junto a su abuelo. Pero a la vez, este niño es el resultado de padres que han sabido escucharlo, inspirarlo y guiarlo al destino correcto.

Dos años después, mi pequeño había cumplido 10 años, y le hice la misma pregunta pensando que se le había olvidado. Pero para mi sorpresa, con la misma firmeza que me lo había dicho dos años antes, nuevamente afirmó: "Un día seré presidente de mi país". Su sonrisa le delataba, él había recordado que ya me lo había dicho. Fue cuando su papá me contó que es presidente de su escuela, defiende los derechos de sus compañeros, negocia con la directora del centro educativo donde estudia, y ayuda a sus compañeros a superarse. Sus padres son visionarios, y tienen un alto sentido social. Son personas que admiro, y estar con ellos es inspirador. Sé que un día estaré en la toma de posesión, y diré que conocí al presidente cuando tenía solamente 8 años.

Este niño está destinado al éxito, no importa lo que haga en el futuro, porque sus padres son un modelo a seguir, y le han hecho creer que él es capaz de alcanzar sus sueños y metas. Pero también le están enseñando los valores morales y espirituales necesarios para alcanzar el éxito.

Es importante que cada miembro de la familia se sienta exitoso. No significa que no pasaremos momentos difíciles, pero sí debemos tener claro qué significa ser una persona exitosa.

El éxito es una conquista personal, y se disfruta más cuando ayudo a que la persona que más amo lo viva también. Mis hijos y mis hijas son mi familia, mi legado a la humanidad, los que continúan con lo que iniciamos, los que construyen mi futuro. Por lo tanto, nacieron para alcanzar lo que Dios diseñó y lleva sus nombres.

> El éxito es una conquista personal, y se disfruta más cuando ayudo a que la persona que más amo lo viva también.

Una persona exitosa es alguien que tiene gratitud en su corazón, porque la gratitud alegra el rostro, y nos permite realizarnos en lo que hacemos. El éxito es para ser compartido, porque no tiene gracia alcanzarlo y no tener con quien celebrarlo. Por eso, cuando lo alcanzamos, ponemos un espejo que ilumina la vida de los más pequeños en casa.

El éxito no se compara; simplemente se disfruta.

No permita que sus hijos compitan con los demás niños, estudiantes o compañeros, porque el éxito es único para cada persona y por lo tanto, éxito es ser hoy mejor que ayer, y trabajar para seguir creciendo mientras caminamos.

> Éxito es ser hoy mejor que ayer, y trabajar para seguir creciendo mientras caminamos.

Hemos crecido en un mundo competitivo, donde las comparaciones son inevitables, donde se premia el mejor promedio, pero no el esfuerzo. Muchas veces un 6 es un 10 y un 10 es una nota promedio. El sistema educativo no es justo, porque solo premia algunas inteligencias, pero desconoce las inteligencias artísticas, sociales y emocionales. No premia el esfuerzo, la dedicación, la perseverancia; solo reconoce los resultados de los exámenes y estos no siempre son justos.

Dios nos ha dado a cada uno conforme a nuestra capacidad, y nunca nos ha puesto a competir. Todos tenemos la oportunidad de multiplicar lo que tenemos, diversificar las actividades y, sobre todo, el privilegio de realizarnos como personas.

Exitoso no es el que se sienta en el trono, sino el que se siente realizado con lo que hace y el que se siente pleno porque tiene paz, alegría y realización en lo que vive.

Una persona en la posición equivocada experimenta frustración y podría resentirse con sus padres si le imponen, "lo que es la tradición de la familia". Hoy vivimos en un mundo donde nuevas profesiones se han puesto de moda, como el arte culinario y las profesiones artísticas. En el pasado le teníamos miedo a descubrir, pero ha llegado el momento de permitir que nuestros hijos sean fieles al diseño original de Dios para sus vidas. Por eso, el éxito no se hereda, se inspira; no se impone, se modela; no se imita, se vive.

> ## Somos grandes cuando nos reinventamos a nosotros mismos, y lo volvemos a intentar.

Nadie es mayor porque tiene una posición. Es grande porque se realiza en lo que hace, y disfruta ser la persona que es. Somos grandes cuando nos reinventamos a nosotros mismos, y nos damos la oportunidad de volverlo a intentar. Éxito es seguir caminando aunque en el fondo no sabemos cómo hacerlo, y no tengamos el ánimo para intentarlo nuevamente. Éxito es mantener intacta la confianza en Dios, y la esperanza de que Él siempre nos sorprende en el futuro.

Mientras camina y supera las dificultades, sus hijos aprenden a enfrentarlo de la misma forma. Porque éxito es un estilo de vida, una elección que nos permite sacudirnos de los complejos que nos minimizan y las críticas que siempre recibimos. Brille, crezca, y encuentre realización, porque esto permite que sus hijos al observarle disfruten caminar con usted.

Siempre tenga una visión que le apasione, un sueño que le inspire, un reto por superar. Mientras lo vive, cuénteles a sus hijos lo que experimenta, porque esto hace que del interior de ellos surjan dones, habilidades y creatividad.

Los tres escenarios de la vida

Cuando la vida no tiene sentido podría ser por tres razones: está triste, está distraído, o no se ha encontrado. Al crecer estamos en la búsqueda de nuestra propia identidad, nuestra misión en la vida y la fuerza necesaria para luchar por lo que amamos. Pero todos vamos a pasar por estos tres escenarios, porque la vida es así.

1. El desierto y la noche oscura. La tristeza

Todos en algún momento estaremos tristes, porque la noche es larga, la oscuridad es profunda y en medio de ella, Dios hace silencio. Nada es más triste que sentir que el cielo hace silencio. Que caminamos a ciegas, sin saber cómo ocurrirá lo que un día se nos prometió. Es en medio de estos desiertos cuando debemos caminar por convicción y voluntad. Nos levantamos aunque no tengamos fuerza, y mucho menos deseo. Avanzamos por obediencia en la dirección que nos hemos propuesto. Es en medio del desierto que caminamos utilizando la lógica, y no dejando que las emociones nos desanimen. Es aquí cuando debemos confiar más que nunca en Dios, y Él promete renovar nuestras fuerzas, porque permanece a nuestro lado. Nos indica que debemos caminar porque Él va con nosotros, y eso es lo que nos inspira confianza y ánimo. Dios promete estar con nosotros en los momentos buenos, y en los tiempos difíciles. Por eso debemos ordenar a nuestras emociones que no se confundan.

> **Nada es más triste que sentir que el cielo hace silencio.**

Nunca olvido una de esas noches oscuras, cuando la esperanza parece desaparecer y las circunstancias no salen como quisiéramos. Pensé en abandonar, renunciar y en rendirme. No tenía fuerzas, y tampoco solución a lo que estaba enfrentando. Fue el momento de salir a caminar para hablar con Dios y de repente, en uno de mis silencios, pude sentir en mi corazón una palabra de ánimo que me invitaba a alabarlo. "Simplemente alábame, porque he sido yo quien te ha sostenido en los momentos difíciles. No pierdas tiempo en preocuparte, porque no resuelve nada. Alábame." Fue suficiente este sentir para comenzar a alabar a Dios y extasiarme en Su presencia.

¿Significa que el problema estaba solucionado? No, de ninguna manera. Simplemente estaba aprendiendo a atravesar los desiertos. Son esos momentos en los que las preguntas no tienen respuestas, y tenemos que elegir descansar en Dios. Esto renovó mis fuerzas, aclaró mi mente, y me permitió volver a soñar. Las cosas no cambiaron, pero ahora tenía paz, ánimo y esperanza. El milagro no lo determina un cambio, ni la circunstancia, sino la confianza en Dios.

Cuando enfrentemos momentos difíciles y principalmente cuando los hayamos superado, hablemos con nuestros hijos sobre las lecciones aprendidas. Porque nuestros hijos las enfrentarán también, y necesitan escuchar cómo lo hemos logrado. Ellos van a querer abandonar la secundaria en su primer año, o antes de graduarse. Muchas veces se sentirán desmotivados, desubicados, perdidos, frustrados, y van a necesitar nuestro consejo, ayuda y acompañamiento.

Nunca olvido cuando Daniel enfrentó uno de esos momentos de desánimo y confusión. Su tristeza nos llevó a buscar ayuda para comprender lo que estaba viviendo, y luego de mucho buscar, concluimos que había llegado el momento de cambiarlo de colegio. Esta fue la solución y le permitió volver a brillar, porque había perdido la alegría que provee la época colegial. Esto no es algo que podamos evitar, pero sí debemos estar seguros que saldremos con el carácter formado, conociendo más de cerca de Dios, y estaremos agradecidos con los que nos extendieron una mano.

Los desiertos pasan, la noche termina, y la tristeza se marcha; la esperanza surge, el ánimo se renueva, y la fe se fortalece. Luego de experimentar adversidades, tristeza, soledad y angustia, somos más humildes, más compasivos y más tolerantes.

> Los desiertos pasan, la noche termina, y la tristeza se marcha; la esperanza surge, el ánimo se renueva, y la fe se fortalece.

2. Estamos distraídos.

Hay momentos de confusión y nos preguntamos por qué, y es simplemente que estamos distraídos. Hemos invertido el tiempo en lo que no edifica, escuchamos música que nos roba la fuerza o nos deprime, o tenemos amigos que no nos convienen. Otra razón por la que podríamos distraernos es cuando nos hemos enamorado erróneamente, y recorremos el viaje de la desesperación por conquistar. Esto se lo cuento porque sus hijos van a experimentar este escenario algunas veces mientras crecen.

Un amigo que les deja, una novia que les termina, un sentimiento no comprendido, un sueño que no se cumple, les va a distraer muy fácilmente. No es tiempo de juzgarlos, criticarlos o avergonzarlos, y mucho menos de subestimar sus sentimientos. Todos hemos estado distraídos en la vida. Es cuando perdemos conciencia de lo que está pasando, no aprovechamos las oportunidades, no valoramos lo que tenemos, menospreciamos a los que nos aman, y nos sumergimos en viajes emocionales extraños, mientras todos se preguntan qué es lo que está pasando. En esos momentos, nuestros hijos necesitan que simplemente los busquemos, acompañemos y los escuchemos.

Ellos llorarán en soledad, se preguntan qué pasa, y no comprenden por qué las cosas no salen como se imaginan. Están distraídos; un día de estos despiertan. Parece que pierden el tiempo, han dejado de desarrollar su potencial y pasan horas en las redes sociales, jugando con amigos, o están enamorados. Es tiempo de escuchar, estar ahí cuando nos necesitan, y buscarlos cuando corran peligro.

Cuando nuestros hijos están distraídos necesitamos estar cerca porque están vulnerables, frágiles y expuestos a las modas, la pornografía, la presión de grupo, o a depredadores sexuales que buscan víctimas fáciles de conquistar. No es fácil acompañar a un adolescente porque podría hablar poco cuando está distraído, pero debemos estar ahí para cuando nos necesite. Invente paseos, vacaciones, comidas, juegos, y pasen tiempo en familia. Aunque parezca que están ausentes, ellos lo necesitan.

3. Identidad

Nuestros hijos nacen para soñar, amar, trascender y construir. Por esta razón necesitan encontrarse con ellos mismos. Es por eso que tienen curiosidad, y mientras crecen van descubriendo el mundo. Con el tiempo descubren lo que más les llama la atención y su inteligencia dominante. Todo se potencia en ellos en tanto su identidad está clara y bien definida. La identidad de nuestros hijos la construye la aceptación que les demos, el amor con el que los tratemos, y la admiración que le demostremos.

El destino nos invita a caminar

Cuando afinamos nuestro oído espiritual, podemos sentir a Dios llamándonos a cumplir un destino. Dios nos llama tal cual somos, en la condición en la que estamos, y nos invita a ver el futuro tal como Él lo ve. Esta es la misión más importante que tenemos como padres: hacer que nuestros hijos logren ver lo que un día llegarán a ser.

Tenemos que soñar con dejarlos con un buen nombre, uno que les abra puertas, con una reputación que les impulsa, y no que les avergüence. Siempre tenga en mente el destino final, y tenga la valentía de llegar. Nuestra meta debe ser dejar a nuestros hijos en un mejor lugar, en una tierra de oportunidades, con sueños qué cumplir, fuerza para canalizar, alegría por la vida, y fe que les inspire.

> ### Camine aunque todo parezca en contra. Camine aunque nada suene lógico y aunque nadie le crea.

A pesar de sus dudas, temores y errores, no deje de caminar tras el sueño que le inspira, porque nuestros hijos se inspiran mientras caminan con nosotros. La gracia de Dios hará posible lo imposible. Avance aunque otros quieran que abandone. Siga tras el sueño que Dios ha puesto en su corazón.

Sus hijos inician donde usted llegó, y llegarán tan lejos como usted los impulse.

Los padres no podemos vivir en función del presente. Siempre tenemos que tener en mente un mañana mejor para las nuevas generaciones. Quien marca la vida de un niño, determina el destino de una generación. Por esta razón, siempre señale el destino, hable de la promesa que Dios le ha dado a la familia; esto inspira a sus hijos. Sea el motivador número uno de sus hijos y de sus nietos.

Transmita esperanza a cada niño que le otorgue su confianza. Ame a los jóvenes que le aman, y le otorgan su admiración. Le aseguro que siempre tendrá un joven para inspirar. Yo no olvido a mis pastores cuando era niño. De ellos aprendí a orar y a amar la predicación. Sus vidas me marcaron, y anunciaron lo que un día llegaría a hacer. Don Leonel, el primer pastor que recuerdo, me regaló una bicicleta cuando era niño, y me robó el corazón. Me llevaba con él a predicar, y me ponía a orar en algunas reuniones. ¿Sabía él lo que un día yo haría cuando grande? Estoy seguro que no, pero él simplemente influenció la vida de un niño, y marcó mi destino. De pequeño me decía: "¿Dónde está mi pastorcito?". Y al crecer me lo seguía repitiendo cuando nos encontrábamos. Sus palabras marcaron mi vida, y fue parte de los ángeles que Dios utilizó para indicarme cuál era mi destino. No menosprecie la oportunidad que tiene de influenciar el destino de un niño o un joven.

Los hijos nacieron para superar las marcas alcanzadas por sus padres.

Dios siempre nos muestra que lo que viene es más grande, y está ahí para ser alcanzado. Todo está diseñado para expandirse, para crecer, y para ser poseído por la nueva generación. Hable de esto con sus hijos; los va a inspirar. Nuestros hijos se levantan sobre la construcción de lo que hemos logrado, pero llegarán más lejos de lo que hemos imaginado. Porque Dios siempre nos sorprende.

> ## Quien marca la vida de un niño, determina el destino de una generación.

Lo más inspirador de esta historia generacional es que Dios es quien la escribe, porque nos hace vivir en función de la siguiente generación, nos hace soñar con dejar algo mejor para ellos, y nos proyecta en el tiempo. Dios nos hace ver hacia el futuro lejano y generacional.

No se deje impresionar por la circunstancia

No importa lo que vea, usted créale a Dios. Las circunstancias no dictan el futuro. Lo anuncian la promesa, la fe y la esperanza. No dejemos que la rebeldía, la indiferencia, la inconsciencia, la traición, y la frustración dominen nuestra vida. Hoy caminamos como extranjeros en tierra propia, en tierra que un día heredarán nuestros hijos. Hoy vemos con los ojos de la fe lo que Dios hará con la nueva generación. No deje que las circunstancias nublen su vista. Anuncie lo que un día sus hijos y sus nietos serán.

Dios aparecerá en el camino muchas veces para fortalecer nuestra fe, afirmar nuestras convicciones, y anunciarnos que todo lo que nos ha dicho se cumplirá. Nos hablará por medio de los niños, en medio de una lectura, en una conferencia, mientras oramos y de mil formas más, para animarnos y anunciarnos que todo lo que ha dicho se cumplirá.

Piense en el destino de sus hijos, no lo pierda de vista, no lo descuide, no lo subestime. No podemos hacer las cosas esperando gratificación instantánea. Nuestro trabajo es de largo plazo.

El camino se recorre etapa por etapa

Nos toca enseñar a nuestros hijos que la vida se conquista paso a paso, y etapa por etapa. Cada uno tiene su propia enseñanza. No trate de adelantar a sus hijos en el proceso de crecer. Basta con que les acompañe y les proyecte en el tiempo, pero no permita que actúen como jóvenes siendo niños. Cada etapa tiene su propósito. Debemos continuar el viaje hasta llegar al final, etapa por etapa. Puede que en algún momento sintamos que solo criamos a un niño que llora, se enferma, y es de voluntad firme. Esto podría cansarnos en extremo, y en esas circunstancias emocionales es difícil ver con claridad el futuro que tendrá. Pero no se confunda; en cada etapa también hay un precio que pagar. Si somos perseverantes, fieles, y obedientes, descubriremos el significado de la palabra persistencia. Eso que tiene que ver con carácter más que con sentir emociones.

Las circunstancias no dictan el futuro.

Persistente es aquel que insistió en creer a Dios, el que se aferra a actos de obediencia, el que entiende que Dios da fuerzas cuando estas se agotan, el que ve a lo lejos lo que puede suceder, el que es agradecido aun antes de recibir el cumplimiento de la promesa, y el que entiende que el tiempo no es su enemigo, sino portador del cumplimiento de lo dicho por el Señor.

Todo llamado tiene un precio:

+ Tener la actitud correcta.
+ Haber desarrollado la habilidad de escuchar.
+ Obediencia absoluta.
+ Ser perseverante hasta el final.
+ No existen los atajos. Nadie llega por el camino corto. Se llega superando las crisis, aprendiendo de los errores y recorriendo el camino.

Camine por fe y no por vista. Lo que usted ve hoy no necesariamente es el resultado final. Dios les promete a sus hijos y a usted heredar el cumplimiento de la promesa.

Éxito es conquista continua

El éxito es proceso, es conquista continua, y lo alimenta el legado que dejamos a nuestros hijos mientras caminamos juntos. El éxito no ocurre de la noche a la mañana. Se construye paso a paso mientras somos permeados por los que más amamos. No es producto de la suerte. Es el resultado de un estilo de vida que impacta a la nueva generación. Dios nos prepara para que vivamos con sentido generacional, y nos anima a que transmitamos a nuestros hijos lo mejor que hemos recibido.

Éxito no es ausencia de problemas, tampoco de dolor. Es satisfacción del deber cumplido; lo que produce realización y alegría cuando vemos a nuestros hijos florecer y avanzar en la dirección correcta.

Éxito es no claudicar aunque lo haya intentado mil veces. Por eso no podemos rendirnos con nuestros hijos. La semilla sembrada en sus vidas a su tiempo dará fruto. Yo soy testigo de eso, porque en mi adolescencia me aparté del camino, pero Dios me buscó, y me trajo de regreso al hogar. Ahora le sirvo como lo hicieron primero mis abuelos y luego mis padres. Éxito es mantener la alegría mientras se camina. Es creer y caminar aunque no vea ni sienta nada. No alcanza el éxito quien no lo intenta; tampoco llega quien no camina. Si consideramos fiel al que nos hizo la promesa, veremos el cumplimiento de la misma en nuestros hijos. Aunque sintamos que ya no tenemos fuerza, que las circunstancias parecen adversas, que la crítica es intensa, perseveremos en creerle a Dios, y mantengamos la vista en el Invisible.

> **Éxito es mantener la alegría mientras se camina. Es creer y caminar aunque no vea ni sienta nada.**

¿Qué no es el éxito?

Comprender claramente lo que significa el éxito es determinante, porque nos permite darles a nuestros hijos la orientación necesaria para que no se confundan en un mundo materialista y egocéntrico. Si no conocemos en qué consiste el éxito será difícil llegar, o nos conformaremos en convertirnos en una mala copia de alguien más.

El éxito se ha referido a ciertas características particulares, como el dinero, las posesiones, la popularidad, la fama, el reconocimiento, una posición, el poder, la belleza, obtener muchos logros, vivir muy ocupados o hasta un sentimiento o ilusión, lo cual ha hecho que tengamos conclusiones confusas sobre lo que realmente significa. Hagamos un recorrido por estas cualidades que el mundo aprecia y llama éxito.

+ **Riqueza:** Generalmente, referimos éxito con poseer riqueza. Éxito no es sinónimo de posesión de dinero. Lo que sí debemos pretender es un mejor nivel de vida, y pedirle a Dios la capacidad de disfrutar lo que tenemos, aprovechar las oportunidades al máximo, ahorrar, invertir, apreciar, cuidar, y compartir el fruto de nuestro trabajo con nuestra familia.

+ **Posesiones:** Las posesiones son temporales. Si un día pensó que poseer "x" cosa lo convertiría en una persona exitosa, le tengo una noticia: cuando la tenga, va a desear una más grande o más valiosa o de mejor calidad. Porque el deseo, cuando se satisface, pierde su encanto. El éxito no se alcanza ni se mide por lo que se posee. Se alcanza cuando soy agradecido por lo que tengo, cuando lo valoro y lo aprecio.

+ **Popularidad y fama:** Las personas creen que los grandes actores, las grandes cantantes, la porrista que todos siguen o el chico más "cool" de la escuela ya lo alcanzaron todo. Pues no. La popularidad y la fama lo único que hacen es añadir presión a una vida ya de por sí compleja. Además, el "amor" de las multitudes, un día encumbra, y luego nos hace caer. Todo depende de si cometimos un error o de que aparezca otro a quien "admirar". Ello sin olvidar que las personas que gozan de ese privilegio suelen estar solas, pues les cuesta mucho encontrar amigos verdaderos.

+ **Reconocimiento:** Nuestros logros y el reconocimiento que hemos alcanzado es producto de lo que hacemos; no determina lo que somos. Éxito no está referido al aplauso de las personas; tiene que ver con la esencia de lo que somos.

+ **Posición:** Un líder suele estar en ese lugar por méritos propios, pero eso solo es algo externo; algo que se pone al servicio de los demás. Mientras la posición es circunstancial, el éxito es un camino, un trayecto, un estilo de vida, una conquista diaria. No depende de la posición; depende del corazón.

+ **Poder:** El poder, al igual que el dinero, no es una fuente de seguridad para garantizar el éxito ni la felicidad. El problema del poder es que tiende a volvernos arrogantes, y podría guiarnos a desear retenerlo para siempre, creyendo que el poder, sea político, económico, o social es sinónimo de éxito. En la vida real, muchas veces tenemos la posición y el poder, y en otros momentos estamos bajo autoridad y sumisión. Y en ambas posiciones debemos sentirnos exitosos. Por eso, enseñe a sus hijos a servir, más que desear poder. La posición y el poder son instrumentos para servir a los demás, no para servirnos a nosotros mismos.

+ **Belleza:** Puede ser que las modelos que aparecen en las portadas de las revistas más reconocidas del mundo sean la inspiración de muchas jóvenes que llegan a creer que la belleza lo es todo. Pero lo cierto es que fundamentar el éxito en algo tan temporal como la belleza física es engañoso. La belleza es pasajera, por lo tanto no es sinónimo de éxito. Si lo fuera, muchas personas tanto hombres como mujeres nunca lo alcanzarían. El éxito no está referido a la apariencia; está relacionado con la esencia misma del ser.

+ **Logros:** El simple hecho de alcanzar metas no garantiza el éxito ni la satisfacción. Hay quienes fijan toda su esperanza de realización en alcanzar una meta y, cuando llegan, experimentan un profundo vacío porque olvidaron que, al llegar a una meta, se inicia un nuevo desafío. El éxito no es una lista de metas que se van tachando. No es llegar a un destino. El éxito es un estilo de vida, un viaje, una carrera que se vive toda la vida. Es reinventarnos a nosotros mismos constantemente.

+ **Ajetreo constante:** Éxito no es hacer muchas cosas. Es llegar al final del camino al lado de las personas que hemos tenido el privilegio de amar, a las que les hemos servido con sinceridad, a las que hemos honrado y respetado, con las que podemos celebrar el fruto de nuestro trabajo. Es correr cuando se pueda; es caminar si ya no puedo correr; es usar el bastón si ya no puedo caminar; es mantener intacta mi capacidad de soñar siendo fiel a los principios de la lealtad, la honestidad, la sinceridad, el amor y la bondad. Éxito es hacer grandes a quienes están a nuestro lado, es decir, a nuestros hijos.

+ **Un sentimiento:** Solemos pensar que si nos parecemos a las personas que admiramos, alcanzaremos el éxito, porque lo referimos a un sentimiento especial. El éxito no es un sentimiento. Es el resultado de ser perseverantes, de sobreponerse a los momentos difíciles. Es carácter más que imagen, es aceptarme tal cual soy, es valorarme como persona, es reconocer mis fortalezas y mis limitaciones. Si buscamos la sensación de felicidad constantemente, nos sentiremos fracasados muchas veces. Éxito es gratitud, lo cual trae consigo el contentamiento, la alabanza a Dios y el deseo de ayudar a los demás a crecer. Por eso, enseñe a sus hijos a ser agradecidos y muéstreles cómo conducir sus emociones.

El éxito lo define la actitud

Si usted tiene talento, inteligencia, educación, y conocimiento, pero le falta la actitud correcta, nunca disfrutará el éxito que tiene, y le será difícil inspirar a sus hijos a que lo alcancen también. Las decisiones que ha tomado han sido el resultado de su actitud, sus convicciones, su confianza en Dios y su fe. La actitud que tenemos frente a la vida determina nuestras acciones, y lo que hacemos determina los logros, el resultado final y el destino al que llegamos. Esto mismo aplica a sus hijos. Guiar a nuestros hijos al éxito es ayudarles a tener la mejor actitud frente a la vida. Mientras mejor sea su actitud, y más profundas sean sus convicciones, más lejos llegarán. Su actitud establece la diferencia entre el éxito, la mediocridad y el fracaso.

> Guiar a nuestros hijos al éxito es ayudarles a
> tener la mejor actitud frente a la vida.

Dios no está improvisando con nosotros. Está dando lugar al cumplimiento de una historia que se originó antes que nosotros existiéramos. Es una historia que se originó en el cielo antes de que naciéramos. Nuestra historia no es una historia caprichosa, y tampoco lo es la historia de nuestros hijos. Es una historia que viene como parte de una cadena, y usted es el eslabón presente. En esta historia no se puede ser egoísta, ni individualista. Usted y yo estamos en deuda con los que nos han antecedido, y estamos en deuda con los que vienen después de nosotros. Las personas de fe son soñadoras de cosas mejores para los suyos.

Viva de tal manera que no interrumpa lo que Dios ha planeado para la generación que se levanta después de usted.

Reflexión

+ Los hijos se levantan a partir del lugar donde llegaron sus padres.

+ Los hijos nacieron para superar las marcas alcanzadas por sus padres.

+ Tenga en mente el destino final.

+ Camine etapa por etapa. El tiempo no se adelanta, se vive un día a la vez.

+ Viva un día a la vez con sentido de propósito.

+ Camine aunque todo parezca en contra.

+ A pesar de sus dudas, temores y errores, no deje de caminar. La gracia de Dios hará posible lo imposible.

+ Nunca es tarde para marcar el destino de la siguiente generación.

+ Somos grandes cuando nos reinventamos a nosotros mismos, y nos damos la oportunidad de volverlo a intentar.

Insista en amar; tiene su recompensa.

NOTAS BIBLIOGRÁFICAS

Capítulo 1

1. Ver Lucas 2: 43-50.
2. Ver Génesis 35: 9-12.
3. Juan 14: 12-13.
4. Hechos 13:47 RVR 1960.
5. Ver Génesis 37-39.

Capítulo 2

1. Ver Mateo 13:57.
2. Ver Juan 2: 1-10.
3. Ver Lucas 22:27.
4. Ver 1 Corintios 12: 6-31.
5. Ver 1 Crónicas 22; 1 Reyes 6.
6. Jeremías 1: 5-7.
7. Ver Éxodo 3 y 4.
8. Éxodo 4:10-12.

Capítulo 3

1. Ver Génesis 26:4.
2. Salmo 103:1.
3. Ver Filipenses 4:8 RVR 1960.
4. Ver 1 Reyes 19:2 RVR 1960.
5. Ver Juan 11:20-42 (paráfrasis del autor).
6. Efesios 6:16 RVR 1960.
7. Ver Jueces 6:12 RVR 1960.

Capítulo 4

1. Ver Proverbios 18:21.
2. Números 6: 23-27.
3. Ver Lucas 15: 11-32.
4. Jeremías 1: 4-10.

Capítulo 7

1. Marcos 6:37-44.
2. Juan 6: 8-11.
3. Efesios 2:6.
4. Ver Mateo 25: 14-30.
5. Hebreos 11: 11-12. Ver Génesis 12: 1-3.
6. 1 Samuel 16:1.
7. 1 Samuel 16:6-7.
8. 1 Samuel 16: 1-12.

Capítulo 9

1. Eclesiastés 15:19.
2. Génesis 12:1.
3. Génesis 15: 5-7.
4. Hebreos 11: 8-12.
5. Mateo 4: 18-19.

Capítulo 10

1. Proverbios 18:21.
2. 1 Pedro 3:9.

Capítulo 14

1. Maxwell, John C., *El Lado Positivo del Fracaso*, Betania, 2000.

FRASES PARA LAS REDES SOCIALES

El éxito lo construyen un buen carácter, valores fuertes, buenos hábitos, y la capacidad de enfrentar los momentos difíciles.

Ser una persona exitosa no significa tener; significa disfrutar. No significa posición; significa servir. No significa reconocimiento; significa realización.

El éxito es para ser vivido y disfrutado.

Los sueños nacen cuando descubro la pasión de mi alma, la razón por la cual existo.

Siempre es inolvidable la persona que nos enseñó a soñar.

Los sueños son la habilidad de ver en el presente de nuestra imaginación lo que va a ocurrir en el futuro.

Los sueños nos animan a hacer lo correcto porque queremos verlos hechos realidad.

La misión de un sueño es dar la oportunidad para que se desarrolle el potencial.

Entre más alto es el desafío, mayor exigencia tendrá el potencial.

Los sueños están en función de lo que Dios formó en nuestras vidas desde antes de nacer.

Afinar el oído espiritual es la sensibilidad de escuchar la voz de Dios.

Los sueños los construye el carácter manifiesto a partir de los valores fuertes y firmes.

Éxito en el cumplimiento de los sueños es alcanzar aquello para lo cual he sido apartado y elegido.

Dios siempre va más lejos de lo que podemos imaginar.

Nunca nadie nace con un sueño estático. Los sueños evolucionan en el tiempo.

Tienes que aprender a soltarte, a desarrollar tu habilidad de soñar; a creer que podrás hacer lo que te dijeron que no podrías hacer.

Los más grandes soñadores son los que apasionan su corazón por una causa que les inspira.

Quien no tiene un sueño que le inspire llegará a cualquier lugar, o se parecerá a alguien más, menos a él mismo.

Todos necesitamos dirigirnos a un destino, recorrer un camino, y tener una dirección a dónde ir.

Los sueños son como una brújula que nos dicen en qué dirección debemos viajar, y nos muestran el camino a seguir.

Cuando juzgamos a un pez por su habilidad de trepar a un árbol, crecerá pensando que es tonto. Albert Einstein

Invierta tiempo en conocer a su hijo para descubrir su inteligencia dominante.

Sus hijos llegarán tan lejos como los impulsen sus palabras de aceptación y admiración.

Tengo que tomar la adversidad como plataforma para impulsarme.

Los sueños tienen nombre y apellido. Son suyos y de nadie más.

Enseñemos a nuestros hijos a caminar cuando no sientan, a perseverar cuando no vean, y a creer que la promesa de Dios se va a cumplir.

Solo ven el cumplimiento de los sueños los que se atreven a caminar por la fe.

Enseñemos a nuestros hijos a caminar cuando la noche es oscura, cuando no haya multiplicación de panes y peces, y llegue el momento de la cruz. Y a creer que Dios siempre va más lejos de lo que nosotros podemos imaginar.

Persevere, pague el precio de sus sueños, y confíe. Dios siempre nos sorprende, llevándonos más lejos de lo que pensamos.

Cuando nuestros hijos se convierten en nuestro sueño, un día serán nuestra alegría.

Hay un legado generacional que es imposible de ignorar.

Hay una gracia un don, un llamado, una marca que está en el corazón de toda familia.

Mientras nuestros hijos nos observan, ellos van inspirando su propia historia.

Los padres nacimos para informar, afirmar, impulsar, motivar, mentorear, acompañar y ayudar a los hijos a soñar.

La relación entre el propósito y los talentos es como piezas de rompecabezas que calzan perfectamente.

El máximo don que tenemos para cumplir esta ecuación perfecta de llamado, misión y talento, es "Dios, que va con nosotros".

La afinidad entre el talento, la habilidad, el don y el propósito, se conjugan en el diseño divino.

El rompecabezas está diseñado; solamente que está en partes y nos está dado a nosotros el don maravilloso de levantarnos como profetas para afirmar, impulsar, iluminar el camino de nuestros hijos.

El propósito es una inspiración personal que cada uno tiene que aprender a descubrir.

Amar es el arte de dar lo mejor de nosotros para hacer grande a quien tenemos cerca.

Nadie influencia más la vida de un hijo que sus padres.

Mi imaginación es estimulada por mis sueños, mis sueños son estimulados por mi fe, y mi fe está determinada por los pensamientos que anido en mi corazón.

La imaginación estimula la fe y la esperanza.

Los pensamientos determinan lo que creemos, y lo que creemos impulsa lo que soñamos.

Si alguien tiene que cuidar algo, es lo que piensa, y lo que alimenta sus pensamientos.

Yo debo elegir el pensamiento que estimula la fe, el que me hace elevar la mirada con esperanza hacia el futuro, el que refuerza el concepto correcto de quién soy yo.

El pensamiento y las emociones tienen que sujetarse al señorío del espíritu.

La calidad de vida de una persona la determina la claridad de sus pensamientos.

Cuando no tenemos bien definido nuestro propio valor, somos propensos a seguir los pasos de los demás, y a dejar que otros definan lo que somos y pensamos.

Las palabras de un padre definen la identidad y la personalidad de un hijo.

Las palabras que tienen valor de verdad absoluta cuando se escuchan, son las palabras de un padre.

Nadie estimula más la imaginación, fortalece la fe, y estimula los sueños que las palabras de un padre.

El tiempo es algo que no se puede detener ni adelantar. Se tiene que vivir en el momento presente, e interpretarlo como la plataforma para el futuro.

El mejor uso que podemos hacer del tiempo es sembrar semillas de esperanza en el corazón de nuestros hijos.

Cuando siembro ilusión, alegría y sentido de propósito en mis hijos, despierto en ellos la capacidad de soñar hacia el mañana, y la habilidad de aprovechar el presente al máximo.

El futuro es para ser fuente de inspiración en el presente, y marcar el camino que voy a seguir.

Usted ama a aquellas personas en las que invierte su tiempo, y gasta su dinero.

Nunca deje que otras personas definan su prioridad.

El trabajo y los amigos son circunstanciales, pero la familia queda para siempre.

Cuando pasen los años, yo cosecharé aquello en lo que invertí mi tiempo y mi dinero.

La familia es trascendental en la vida de las personas porque es la principal constructora de recuerdos.

Cuando esté con su familia concéntrese en ellos: observe sus gestos, escuche con atención, reaccione a sus comentarios, y haga preguntas. Con esto les dice que son importantes para usted.

Es crucial que en esos momentos de familia apague el celular, o no responda llamadas.

Hoy tenemos muchos distractores que nos conectan con los que están lejos, pero nos alejan de los que tenemos cerca.

Cada hijo es único, y tiene diferentes formas de expresar y recibir amor. Pasemos tiempo a solas con cada uno de ellos.

La única forma de dejar recuerdos agradables en la vida de nuestros hijos es invirtiendo tiempo en ellos.

Tengo que pensar intencionalmente en dejar recuerdos en la vida de mis hijos. Entonces, tengo que planear qué recuerdos serán memorables para ellos.

Aprendamos a tener una actitud que provoque una convivencia agradable, que nos permita tener sonrisas que se aprecian. Sonría con su familia.

El secreto es detenerse para contemplar la sonrisa del niño, el bebé que está creciendo; estos son momentos mágicos.

Las palabras que no se olvidan son las que hablan bien de mí, refuerzan mi futuro, y me ayudan a definir personalidad y a compensar mis debilidades.

Enfríe las emociones, espere el momento correcto, y utilice las palabras correctas.

Los abrazos que animan vienen acompañados de palabras de afirmación.

La sonrisa más segura es la sonrisa de un hijo en brazos de sus padres, cuando lo aman.

Sus palabras marcan el carácter de su hijo. Le ayudan a definir su pensamiento, y a ver el mañana con esperanza.

La alegría se encuentra cuando yo tengo un corazón sano; un corazón capaz de perdonar, de soltar el pasado, y de vivir el presente a plenitud.

La alegría tiene que ver con contentamiento del corazón, y con gratitud en el alma.

La verdadera alegría se encuentra cuando somos capaces de renunciar a nuestro egoísmo para hacer felices a las personas que están a nuestro lado.

La felicidad está en tener consciencia de que hoy existo.

El dolor nos ayuda a despertar, a tener consciencia, a valorar.

El dolor nos permite descubrir el abrazo del amigo del alma; nos permite recordar que teníamos fe.

El milagro del dolor es que te hace despertar a la vida. Es de las dinamitas más fuertes para que podamos tener consciencia de lo que significa estar bien.

El dolor es un instrumento para despertarnos a la felicidad.

La felicidad no es un lugar al que llegamos. Es un camino que recorremos, una elección, un estilo de vida.

Nadie puede impedir que seamos personas felices, a menos que se lo permitamos.

Somos felices cuando lo logramos a pesar de las circunstancias.

Somos personas felices cuando asumimos la responsabilidad de construir nuestro propio destino, tomamos decisiones, y actuamos con una conciencia tranquila.

Felicidad no es un sentimiento de euforia; es la búsqueda de un mejor nivel de vida.

La felicidad es la capacidad de aceptar el dolor como algo momentáneo, porque es un momento para confiar en Dios y crecer como persona.

La felicidad no es la ausencia de problemas. Es la capacidad de comprenderme desafiado a resolverlos, y de tener viva la esperanza en un mejor mañana.

La felicidad no significa perfección. Es la capacidad de interpretar mi presente como el cumplimiento de lo que Dios prometió en el pasado. Es la habilidad de mantener viva la esperanza y la ilusión.

La felicidad se expresa en la habilidad de soltar y vivir sin apego a lo que ya no existe.

Felicidad es la habilidad de esperar el futuro con paciencia.

Sufrimos como consecuencia de no haber soltado lo que no se puede retener.

La felicidad no viene por el tener. Es la capacidad de apreciar lo existente, mientras conservo intacta la habilidad de soñar.

Camine, aunque no sienta; crea, aunque no vea, y dese la oportunidad de entender que Dios siempre le va a sorprender.

Enseñar gratitud a nuestros hijos es una misión de toda una vida. No desista; un día lo agradecerán.

La gratitud hace que sea más fácil disimular las cosas que no están bien, o los errores del camino, mientras nos permite apreciar el esfuerzo por mejorar las virtudes que le identifican.

La gratitud es magia al corazón, porque una persona agradecida valora doblemente las cosas.

La gratitud no tiene nada que ver con cuánto hay; la gratitud tiene que ver con el valor que le doy a lo que hay.

Una persona agradecida está en el escalón más alto de la realización humana.

La gratitud nos lleva lejos, porque estimula la imaginación.

La gratitud hace que una casa brille, no importa donde usted viva.

Vivir intensamente la vida no lo determina lo que hacemos, sino la forma en que lo hacemos, la pasión que imprimimos y la gratitud que mostramos.

Sabiduría es discernimiento y conocimiento con el pensamiento de Dios.

Sabiduría es un corazón dócil; un corazón lleno de esa gracia que Dios da, y que nos mueve a la cordura, la sensatez, al fruto mismo del espíritu.

La sabiduría es Dios viviendo en nuestro corazón, y revelándose en nuestra vida.

La sabiduría otorga la habilidad de soñar los sueños de Dios.

La sabiduría es la expresión máxima del entendimiento, y lo más profundo del conocimiento.

Un espíritu educable y un corazón sabio llevarán a sus hijos al éxito.

Discernimiento es aprender a pensar como Dios piensa.

Sabiduría tiene un carácter dispuesto a perseverar.

La sabiduría nos hace trascender de la situación física en la que vivimos para mirarnos proyectados en la dimensión que el Señor quiere que tengamos.

Sabiduría no significa que camino a la perfección; significa camino.

Tener intacta la capacidad de asombro es tener intacta la capacidad de admirarse por lo pequeño y por lo grande, por la mañana, por la tarde y por la noche, por el verano, por el otoño, por el invierno.

Capacidad de asombro es tener intacta la capacidad de entender que lo que vivo es un milagro que viene de la mano de Dios.

La capacidad de asombro es tener una capacidad superior de conciencia de la existencia humana.

La capacidad de asombro conduce al éxito, porque quien no tiene la capacidad de asombro, perdió la capacidad de ilusionarse.

La capacidad de asombro es lo que trae realización en la vida.

No somos quienes firman la obra de arte terminada que son nuestros hijos, pero como padres, somos quienes proponemos los colores que sirven de base por medio de nuestras palabras y enseñanzas.

Vivir por los hijos significa medir cada paso, acción, reacción, y las palabras con las que nos comunicamos con ellos, en función de su bienestar.

Nuestro hogar debe ser un lugar al que desean regresar nuestros hijos cuando estén lejos.

Éxito es camino recorrido, legado que se construye paso a paso, una marca que se transmite de padres a hijos.

Todos necesitamos sentir que le importamos a alguien, y esto se experimenta siendo escuchados.

Escuchar es todo un arte que hay que aprender y cultivar.

Escuchar es aprender a ver lo que ocurre, a través de los ojos de nuestros hijos.

Cuando escuchamos a nuestros hijos, los impulsamos a lograr el éxito en lo que emprendan.

Los valores son como los rieles que nos permiten realizar con acierto el viaje de la vida. Es esa carretera sobre la que se construye nuestra vida; los enunciados que nos guían para cumplir con éxito la misión que se nos ha confiado. Son los faros, las directrices que guían la conducta humana, las bases sobre las cuales sustentamos nuestro proyecto de vida.

Enseñamos valores mientras caminamos con nuestros hijos, conversamos casualmente, y nos observan en silencio.

Cierto día, nuestros hijos no serán el discurso que hemos dicho, sino la vida que hemos vivido. No serán el fruto de las palabras que oyeron, sino de todo lo que percibieron.

Ningún discurso es más fuerte que el ejemplo.

Educar es inspirar un espíritu libre, capacitado para juzgar la vida por sí mismo.

Los valores forman la carretera que construimos para que nuestros hijos la recorran al alcanzar su propio éxito.

No permita que la ambición le robe la paz de su espíritu.

El éxito no consiste en vivir sin dificultades, sino en descubrir cómo convertir los obstáculos en oportunidades de vida.

Tengamos humildad para reconocer el error y pedir perdón. Todos nos vamos a equivocar.

La altivez nos separa y nos distancia, pero la humildad nos acerca y nos reconcilia.

Impulsamos a nuestros hijos al éxito cuando les enseñamos cómo asumir la responsabilidad en los momentos difíciles.

Las dificultades nos presentan oportunidades maravillosas para crecer, aprender y madurar.

Una dificultad puede ser la ocasión para descubrir lo que yo no había visto hasta este momento.

Quien decide transformar la adversidad en victoria debe perseverar, y elegir con inteligencia a las personas que le acompañarán en el recorrido.

Resístase tenazmente a la tentación de sentir lástima de sí mismo.

Nunca la vida romperá todas nuestras cuerdas. Aún existen las cuerdas de la perseverancia, de la inteligencia, la confianza en Dios, y a nosotros nos corresponde intentarlo una vez más.

Elija sacar la mejor de las canciones con la única cuerda que tiene. La victoria es el arte de continuar, aunque la orquesta se detenga.

Aprendamos a seguir pintando, aunque nadie compre nuestros cuadros, porque nuestros hijos necesitan vernos perseverar a pesar de la adversidad.

Quien no invierte tiempo en conocerse, se convierte en una mala copia de alguien más, y pierde la oportunidad de ser fiel al diseño original con el que Dios le ha creado.

Las decisiones importantes se asumen, no se posponen.

Se decide, no en función de lo que se siente, sino en razón de lo que debe hacerse.

Al éxito se camina tomando sabias decisiones.

Vivir en familia es el arte de ofrecernos para comprender, escuchar en silencio, aceptar incondicionalmente, y admirar a quienes amamos.

Es la familia la que queda cuando todos se marchan.

El pedir perdón y otorgarlo debe ser parte de la dinámica familiar diaria.

El perdón libera el corazón de la prisión del resentimiento, lo cual abre la puerta hacia la estación de la paz. Es el puente que facilita el diálogo, recupera la confianza y fortalece las relaciones.

Cuando usted atesora a su familia, entiende que lo importante no es tener la razón, sino valorar la relación.

Las familias saludables son aquellas que son capaces de adaptarse a los cambios que experimentan.

El éxito no se hereda, se inspira; no se impone, se modela; no se imita, se vive y se disfruta.

Éxito es ser hoy mejor que ayer, y trabajar para seguir creciendo mientras caminamos.

Exitoso es el que se siente realizado con lo que hace.

Somos grandes cuando nos reinventamos a nosotros mismos, y nos damos la oportunidad de volverlo a intentar.

Éxito es un estilo de vida, una elección que nos permite sacudirnos de los complejos que nos minimizan y las críticas que siempre recibimos.

Brille, crezca, y encuentre realización, porque esto permite que sus hijos al observarle disfruten caminar con usted.

Siempre tenga una visión que le apasione, un sueño que le inspire, un reto por superar. Mientras lo vive, cuénteles a sus hijos lo que experimenta, porque esto hace que del interior de ellos surjan dones, habilidades y creatividad.

Los desiertos pasan, la noche termina, y la tristeza se marcha, la esperanza surge, el ánimo se renueva, y la fe se fortalece. Luego de experimentar adversidades, tristeza, soledad y angustia, somos más humildes, más compasivos y más tolerantes.

Cuando afinamos nuestro oído espiritual, podemos sentir a Dios llamándonos a cumplir un destino. Dios nos llama tal cual somos, en la condición en la que estamos, y nos invita a ver el futuro tal como Él lo ve.

Esta es la misión más importante que tenemos como padres: hacer que nuestros hijos logren ver lo que un día llegarán a ser.

Siempre tenga en mente el destino final, y tenga la valentía de llegar.

Nuestra meta debe ser dejar a nuestros hijos en un mejor lugar, en una tierra de oportunidades, con sueños que cumplir, fuerza para canalizar, alegría por la vida, y fe que les inspire.

Camine, aunque todo parezca en contra. Camine, aunque nada suene lógico, y aunque nadie le crea. A pesar de sus dudas, temores y errores, no deje de caminar tras el sueño que le inspira, porque nuestros hijos se inspiran mientras caminan con nosotros. La gracia de Dios hará posible lo imposible. Avance, aunque otros quieran que abandone. Siga tras el sueño que Dios ha puesto en su corazón.

Quien marca la vida de un niño, determina el destino de una generación.

El éxito es proceso. Es conquista continua, y lo alimenta el legado que dejamos a nuestros hijos mientras caminamos juntos.

El éxito no ocurre de la noche a la mañana. Se construye paso a paso mientras somos permeados por los que más amamos.

Éxito es satisfacción del deber cumplido, lo que produce realización y alegría cuando vemos a nuestros hijos florecer y avanzar en la dirección correcta.

No alcanza el éxito quien no lo intenta; tampoco llega quien no camina.

Las personas de fe son soñadoras de cosas mejores para los suyos.

Viva de tal manera que no interrumpa lo que Dios ha planeado para la generación que se levanta después de usted.